dtv

Genügend Italienerin, um mit den Gewohnheiten ihrer Landsleute vertraut zu sein, ausreichend « Ausländerin », um Mängel, Widersprüchlichkeiten und Übertreibungen zu erkennen und darüber lachen zu können. Valeria Vairo lebt in Deutschland, sie hat erfahren, dass Distanz den Blick schärft. Mit leicht gespitzter Feder erzählt sie kleine Geschichten aus dem Alltag, in denen es um Familie und Rituale, Frauen und Männer, Religion und Aberglaube geht. Entstanden ist ein subjektives Porträt der italienischen Gesellschaft, in dem man einige liebgewonnene Klischees und zugleich viel Überraschendes finden kann. In dem bisweilen chaotischen, aber häufig überaus kreativen Umgang mit den Herausforderungen des Alltags zeigt sich auch der ganze Charme italienischer Lebenskunst.

Valeria Vairo, geboren in Como, hat Germanistik und Anglistik in Mailand studiert und besitzt langjährige Erfahrung in interkulturellen Trainings und als Sprachlehrerin. Seit zwanzig Jahren ist sie als Journalistin für verschiedene Zeitschriften in Deutschland und Italien tätig.
Ina-Maria Martens, Übersetzerin für Englisch und Italienisch, hat für die Reihe dtv zweisprachig zahlreiche Texte ins Deutsche übertragen.

Profumo d'Italia

Ein Hauch Italien

Kleine Geschichten aus dem italienischen Alltag

Erzählt von Valeria Vairo
Übersetzt von Ina-Maria Martens

dtv

Von Valerio Vairo ist bei dtv ebenfalls erschienen:
Il sapore della vita. Der Geschmack des Lebens. (dtv 9531)

Ausführliche Informationen über unsere Autorinnen und Autoren und ihre Bücher finden Sie unter www.dtv.de

MIX
Papier aus verantwortungsvollen Quellen
FSC® C019821

Originalausgabe 2014
7. Auflage 2021

www. dtv.de zweisprachig@dtv.de
Umschlagkonzept: Balk & Brumshagen
Satz: Greiner & Reichel, Köln
Druck und Bindung: Druckerei C.H.Beck, Nördlingen
Gedruckt auf säurefreiem, chlorfrei gebleichtem Papier
Printed in Germany · ISBN 978-3-423-09519-8

Introduzione

Quando ho deciso di scrivere un libro sull'Italia il primo interrogativo che mi sono posta è stato: di quale Italia parlare? La risposta immediata mi è arrivata dal cuore. Non volevo parlare della condizione economica, sociale e politica dell'Italia di oggi. Guardare il mio Paese dall'estero mi procura da qualche anno purtroppo un senso di amarezza e d'impotenza. L'Italia è una terra dalle bellezze artistiche e naturalistiche ineguagliabili, dal ricco patrimonio culturale ed enogastronomico che tutto il mondo, a ragione, ci invidia. Malgrado ciò, attualmente, per motivi di cui si potrebbe a lungo discutere, sta vivendo un periodo davvero difficile.

Quindi ho scelto di percorrere un'altra strada. Quella di parlare dell'Italia che mi è rimasta nel cuore creando storie senza tempo, raccolte tra i ricordi miei e quelli di altre persone, ovviamente impastandoli con la mia fantasia. Poiché è un libro «nato» per il pubblico tedesco, a volte ho voluto giocare con gli stereotipi, ma non troppo, perché lo stereotipo può avvicinare le culture ma le può anche allontanare nel momento in cui diventa pregiudizio.

Conoscendo il desiderio d'informazione puntuale del pubblico tedesco, ho voluto combinare informazione e fantasia, registro giornalistico e passione narrativa. Per questo ho scritto brevi introduzioni informative ai capitoli, cercando di illustrare gli aspetti del Belpaese trattati dai racconti che le seguono. I racconti, che vertono su tematiche sociali e alcuni aspetti di costume come la famiglia, la religione, il rito del caffè, la superstizione, narrano frammenti di quell'Italia affascinante, romantica e creativa che si destreggia nella difficile arte del

Vorwort

Als ich beschloss, ein Buch über Italien zu schreiben, stellte ich mir als Erstes die Frage: Von welchem Italien möchte ich erzählen? Die spontane Antwort kam aus dem Herzen. Ich wollte auf keinen Fall über die wirtschaftliche, soziale und politische Lage des heutigen Italien reden. Vom Ausland aus betrachtet, erweckt der Gedanke an mein Land in mir seit einigen Jahren leider ein Gefühl von Bitterkeit und Ohnmacht. Italien ist ein Stück Erde von ausnehmend schöner Natur, reich an unvergleichlichen Kunstschätzen und geprägt von einer großen kulturellen Vielfalt. Es verfügt über eine Fülle von gastronomischen Produkten, um die uns zu Recht die ganze Welt beneidet. Dennoch macht das Land, aus Gründen, über die man lange diskutieren könnte, eine sehr schwere Zeit durch.

Also wählte ich einen anderen Weg. Ich wollte von dem Italien erzählen, das mir im Herzen geblieben ist, und so schrieb ich zeitlose Geschichten. Dafür schöpfte ich aus eigenen Erinnerungen und denen anderer, nicht ohne sie mit meiner Fantasie anzureichern. Da das Buch für ein deutsches Publikum geschrieben ist, erlaubte ich mir, ab und zu auf Klischees zurückzugreifen, allerdings nicht zu oft, da ein Klischee eine andere Kultur zwar näherbringen, aber in dem Moment, wo es zum Vorurteil wird, durchaus entfremden kann.

Da ich den Wunsch der deutschen Leser nach genauer Information kenne, wollte ich Information und Fantasie, Journalistisches und erzählerische Leidenschaft vereinen. Daher habe ich kurze informative Einführungen zu jedem Kapitel verfasst und versucht, die Aspekte des *Belpaese*, von denen die anschließenden Geschichten handeln, zu erläutern. Die Geschichten, die soziale Themen und den ein oder anderen Brauch betreffen, wie die Familie, die Religion, das Kaffeeritual oder den Aberglauben, spiegeln Fragmente jenes reizvollen, romantischen und kreativen Italien wider, das sich mit Geschick durch die Schwierigkeiten des Lebens laviert, aber

vivere. C'è, però, anche un'Italia contraddittoria e addirittura un po' ingenua. Sono episodi di vita quotidiana che non hanno assolutamente la pretesa di dare un quadro oggettivo, completo, né tantomeno sociologico del Belpaese, ma che presentano alcuni aspetti della società italiana tra passato e presente, tra ritualità e modernità. Episodi folkloristici e divertenti ma anche spiacevoli o tristi, in un alternarsi di storie sentimentali e tragicomiche, che a volte nella loro criticità possono indurre a riflettere. È un libro scritto con affetto da un osservatorio privilegiato: vivendo da oltre dieci anni in Germania, sono abbastanza italiana per capire e amare la mia gente, ma anche abbastanza «straniera» per vederne i difetti, le incongruenze, le esagerazioni, per poterci ridere (ma anche piangere!) sopra.

Valeria Vairo

auch dessen widersprüchliche und ein wenig naive Seiten. Es sind Episoden aus dem täglichen Leben, die keineswegs den Anspruch erheben, ein objektives, vollständiges oder gar soziologisches Bild des *Belpaese* wiederzugeben, sie sollen lediglich Ausschnitte aus der italienischen Gesellschaft zwischen Vergangenheit und Gegenwart, zwischen Brauchtum und Moderne zeigen. Volkstümliche und amüsante, aber auch unerfreuliche und traurige Szenen wechseln sich ab mit gefühlvollen und tragikomischen Geschichten, die in ihrer kritischen Sichtweise durchaus zu denken geben können. Es ist das mit Liebe geschriebene Buch einer privilegierten Beobachterin. Seit über zehn Jahren lebe ich nun in Deutschland, und so bin ich noch Italienerin genug, um meine Landsleute zu verstehen und zu lieben, aber auch « Ausländerin » genug, um ihre Fehler, Widersprüchlichkeiten, Übertreibungen zu erkennen und darüber lachen (aber auch weinen) zu können.

Valeria Vairo

Aroma di caffè

I settanta milioni di caffè serviti ogni giorno nei bar italiani e l'innumerevole quantità di tazzine fumanti consumate nella comodità delle mura domestiche fanno di questa bevanda quasi l'elisir nazionale del Belpaese. In Italia quando si ordina un caffè al bar è scontato che si tratti di un espresso. Può anche essere macchiato freddo (con un po' di latte freddo) o caldo (con schiuma di latte caldo), ristretto (con poca acqua, ancora più concentrato di quello normale), lungo (con più acqua), doppio (due caffè in una tazzina), corretto (con l'aggiunta di whisky, sambuca o rhum). D'estate la tazzina di caffè spesso lascia spazio al bicchiere di caffè freddo con il ghiaccio e, dove il caldo è torrido come in Sicilia, si fa colazione addirittura con la granita di caffè. In Italia non si può non attribuire al caffè il ruolo di cartina di tornasole della società. Il Belpaese che cambia nel tempo e diventa sempre più variegato nei suoi aspetti si riconosce già al bar dove all'espresso del passato si è aggiunta una serie di nuove invenzioni che piacciono soprattutto ai giovani: il moccaccino (caffè espresso con schiuma di latte e aromatizzato alla vaniglia, caramello o amaretto), il marocchino (caffè con latte e cioccolato fondente o cacao amaro), il caffè shakerato (in bicchiere).

Inutile dire che con tutte queste varietà di caffè gli italiani si sentano dei veri esperti. Ognuno custodisce il suo segreto, la ricetta per il caffè migliore, segreto di cui va assolutamente fiero. Comunque, il caffè è sempre un'occasione per creare un ponte d'intesa tra le persone, per congelare un istante gli impegni, le responsabilità e le durezze della vita. L'aroma del caffè per ogni italiano non rappresenta solo il profumo di una bevanda ma molto di più.

Der Duft von Kaffee

Die 70 Millionen Tassen Kaffee, die täglich in italienischen Bars serviert werden und dazu die zahllosen, gemütlich in den eigenen vier Wänden geschlürften Tassen dieses duftenden Getränks machen aus ihm sozusagen das Nationalelexier des Belpaese. Wenn man in einer Bar in Italien einen Kaffee verlangt, dann bekommt man ganz selbstverständlich einen Espresso. Dieser kann auch espresso macchiato freddo *(mit etwas kalter Milch) oder* caldo *(mit warmem Milchschaum) sein,* ristretto *(mit wenig Wasser, stärker als der normale),* lungo *(mit mehr Wasser),* doppio *(doppelter Espresso in einer Tasse),* corretto *(Espresso mit Whisky, Sambuca oder Rum). Im Sommer trinkt man oft statt einer Tasse Kaffee ein Glas mit kaltem Kaffee und Eiswürfeln, und dort, wo es brütend heiß ist, wie in Sizilien, trinkt man sogar zum Frühstück Kaffee mit zerstampften Eiswürfeln. Kaffee ist in Italien auch ein Indikator für die Veränderungen in der Gesellschaft. Dass Italien im Wandel begriffen ist und ein immer bunteres Gesicht zeigt, erkennt man schon in einer Bar, wo zum Kaffee von einst eine ganze Reihe Neuschöpfungen hinzugekommen ist, die insbesondere junge Leute gerne trinken:* moccaccino *(Kaffee mit Milchschaum und verschiedenen Aromen wie Vanille, Karamell, Amaretto),* marocchino *(Kaffee mit Milch und Bitterschokolade oder bitterem Kakao) oder* caffè shakerato *(espresso shake im Glas).*

Man braucht nicht zu betonen, dass sich die Italiener mit all diesen Kaffeevarianten als wahre Experten fühlen. Das Rezept für den besten Kaffee wird gehütet wie ein Geheimnis und darauf ist jeder stolz. Auf jeden Fall ist der Kaffee immer eine Gelegenheit, zwischen Menschen eine Brücke des Einvernehmens zu bauen und für einen Moment Verantwortung und Sorgen des Lebens zu vergessen. Das Aroma von Kaffee bedeutet für den Italiener weit mehr als den Duft eines Getränks.

Il «ticchettio» del caffè

La vita di Patrizia è stata scandita da un ritmo tutto speciale: il ritmo del «ticchettio del caffè».

Fu lei stessa bambina a inventare questa espressione quando una domenica mattina, nel lettone dei genitori, associò il rumore metallico del cucchiaino che mischiava lo zucchero nella tazzina al ticchettio delle lancette dell'orologio. I genitori rimasero così sorpresi e orgogliosi davanti a tanta perspicacia che l'espressione entrò definitivamente nel lessico familiare.

«Ecco bambini, arrivano, arrivano ... la Niña, la Pinta e la Santa Maria, le caravelle di Cristoforo Colombo!», diceva il papà avvicinando il cucchiaino alle bocche spalancate che sembravano due beccucci di uccellini in attesa di cibo. Patrizia e il fratellino Daniele erano tra i pochissimi bambini di tre e quattro anni cui era nota l'esistenza di un certo Cristoforo Colombo che con tre caravelle aveva scoperto l'America.

La ricostruzione storica dell'evento però, non era proprio fedele perché la Niña, la Pinta e la Santa Maria in questo caso non solcavano mari, né scoprivano mondi, ma approdavano semplicemente ogni domenica mattina nel lettone di mamma e papà.

Era un rito. Appena svegli, Patrizia e Daniele balzavano giù dai loro lettini per arrampicarsi in quell'isola di sicurezza. E andava sempre nello stesso modo, come una scena di un film che si ripeteva periodicamente. Il papà faceva finta di essere infastidito dall'invasione e, mentre i piccoli si accoccolavano tra le braccia della mamma, si alzava sbuffando, manifestando il suo disappunto con espressioni volutamente esagerate per divertire i bambini, si infilava i pantaloni e andava a preparare il caffè. Patrizia e Daniele nel frattempo si godevano il lettone. Era un grande letto in ferro battuto.

«Kaffeeticktack»

Patrizias Leben wurde von einem ganz besonderen Rhythmus bestimmt, vom Rhythmus des «Kaffeeticktack».

Sie selbst hatte als kleines Mädchen diesen Ausdruck erfunden, als sie an einem Sonntagmorgen im großen Bett der Eltern das Geräusch des Löffels beim Umrühren des Zuckers in der Kaffeetasse mit dem Ticktack der Uhrzeiger verglich. Die Eltern waren erstaunt über so viel Scharfsinn und sehr stolz, und ab da gehörte der Ausdruck zum Familienwortschatz.

«Achtung, Achtung, Kinder, sie kommen ... die Niña, die Pinta und die Santa Maria, die drei Karavellen des Christoph Kolumbus!», kündigte der Papa an und schob das Löffelchen in die aufgesperrten Münder, die wie die Schnäbelchen kleiner Vögel darauf warteten, gestopft zu werden. Patrizia und ihr kleiner Bruder Daniele gehörten wohl zu den ganz wenigen Kindern, denen schon im Alter von drei und vier Jahren die Existenz eines gewissen Christoph Kolumbus bekannt war, der mit drei Karavellen Amerika entdeckt hatte.

Der historische Vergleich dieser Begebenheit stimmte nicht so ganz, denn in diesem Fall durchfurchten die Niña, die Pinta und die Santa Maria weder Meere noch entdeckten sie Erdteile; sie legten einfach jeden Sonntagmorgen in Mamas und Papas großem Bett an.

Es war ein Ritual. Kaum waren Patrizia und Daniele wach, sprangen sie aus ihren Bettchen, um auf diese Insel der Sicherheit zu klettern. Es lief immer gleich ab, wie eine sich ständig wiederholende Filmszene. Der Papa tat, als würde ihn diese Invasion stören, und während die Kleinen sich in Mamas Arme kuschelten, stand er zum Vergnügen der Kinder mit übertrieben verärgerter Miene schnaubend auf, schlüpfte in die Hose und ging Kaffee machen. Patrizia und Daniele genossen inzwischen das breite Bett, ein großes schmiedeeisernes Bett.

Daniele, preso dall'eccitazione iniziale, si nascondeva sotto la coperta pesante, composta da una serie di quadrati multicolori fatti all'uncinetto dalla nonna. Patrizia e la mamma lo cercavano, lo trovavano, gli facevano un po' di solletico e poi, affaticati dal trambusto « troppo mattiniero », tutti e tre si riappisolavano tra le bianche lenzuola ricamate. Le lenzuola avevano una meravigliosa e intensa fragranza di pulito che Patrizia non avrebbe mai più dimenticato.

Il papà, dopo essersi stiracchiato e lavato velocemente la faccia, preparava il caffè. Lo versava nella tazzina, lo zuccherava e durante il tragitto dalla cucina alla camera da letto lo mescolava con il cucchiaino. Era questo « ticchettio » sempre più nitido che risvegliava la mamma e i bambini.

« Senti mamma, il ticchettio del caffè ! Papà sta arrivando, facciamo finta di dormire ! » diceva sottovoce Patrizia, e da lì prendeva il via un nuovo gioco.

Il papà arrivava e giocava anche lui, « Cuccioli, dormite? Patrizia, Daniele, dormite? ». L'uomo sembrava un equilibrista, teneva con la mano sinistra un piccolo vassoio con due tazzine di caffè per sé e la moglie corredate di piattino e cucchiaino, la zuccheriera e un piattino per le « tre caravelle », mentre con la mano destra girava lo zucchero nelle due tazzine.

Appoggiato il vassoio e sedutosi al margine del letto il papà lasciava cadere una goccia di caffè nella zuccheriera e faceva ruotare quest'ultima fino a che in tutto quel biancore non emergeva una deliziosa pallina marrone di zucchero e caffè. Ne faceva tre ed erano quelle le « tre caravelle » che rendevano felici i bambini e lui stesso, che ne mangiava una.

Grazie alle tre navi avventuriere i bambini entravano in un mondo per loro ancora lontano, il mondo degli adulti, un mondo tutto profumato dell'aroma di caffè, ma soprattutto scoprivano quel gusto che, insieme al ticchettio come quello delle lancette di un orologio, li avrebbe accompagnati nella vita.

Voller Erregung versteckte Daniele sich unter den schweren, von der Großmutter in bunten Quadraten gehäkelten Decken. Patrizia und Mama suchten ihn, fanden ihn, kitzelten ihn ein wenig und, ermüdet von dem « allzu frühen » Tohuwabohu, nickten alle drei in der weißen, bestickten Bettwäsche wieder ein. Den wunderbar frischen Duft der Bettwäsche sollte Patrizia nie mehr vergessen.

Nachdem Papa sich gestreckt und rasch das Gesicht gewaschen hatte, bereitete er den Kaffee. Er goss ihn in die Tassen, zuckerte ihn und rührte auf dem Weg von der Küche ins Schlafzimmer mit dem Löffel um. Das immer deutlicher werdende Ticktack-Klirren weckte Mama und die Kleinen wieder auf.

« Hörst du, Mama, Kaffeeticktack ! Papa kommt, wir tun so, als ob wir schlafen », flüsterte Patrizia und damit begann ein neues Spiel.

Papa kam und spielte gleich mit. « Schlaft ihr, meine Kleinen? Patrizia, Daniele, schlaft ihr? » Der Mann schien ein Gleichgewichtskünstler zu sein, denn er balancierte mit der linken Hand ein kleines Tablett mit zwei Tassen Kaffee mit Untertassen für sich und seine Frau, dazu Kaffeelöffel, Zuckerdose und eine Untertasse für die drei « Karavellen », während er mit der rechten Hand den Zucker in den beiden Tassen umrührte.

Nachdem Papa das Tablett abgestellt und sich auf die Bettkante gesetzt hatte, ließ er einen Tropfen Kaffee in die Zuckerdose fallen und bewegte diese kreisend so lange, bis in dem ganzen Weiß ein köstliches braunes Kügelchen aus Zucker und Kaffee auftauchte. Davon machte er drei. Das waren die drei « Karavellen », worüber die Kinder sich freuten und er auch, denn eins war für ihn.

Dank der drei Abenteuerschiffe traten die Kinder in eine für sie noch ferne Welt ein, die Welt der Erwachsenen, eine Welt voller Kaffeeduft, und entdeckten vor allem den Geschmack, der sie, zusammen mit dem « Ticktack » wie von den Zeigern einer Uhr, in ihrem Leben begleiten würde.

Al suono del « ticchettio del caffè » Patrizia è cresciuta. Anni dopo, quando andava al liceo, i tempi della Niña, della Pinta e della Santa Maria erano ormai lontani, alcune abitudini però erano rimaste immutate. La mattina presto, quando il papà si alzava, non preparava più solo le tazzine per la mamma e per sé, ma anche una per Patrizia, mentre Daniele ancora dormiva. Ogni mattina, lo sbattere involontario dello sportello della credenza da cui il papà prendeva le tazzine e il rumore intermittente dell'accendi-gas della cucina cominciavano a risvegliare i sensi della ragazza nel torpore del dormiveglia. Il suo corpo e la sua mente si accomiatavano lentamente dal sonno, lei si accoccolava sotto le coperte per assaporare le ultime emanazioni del calore notturno in attesa che l'aroma arrivasse fino in camera sua. Pochi minuti dopo, ecco, sentiva i passi strascicati del papà in pantofole e « il ticchettio » che si avvicinava sempre di più, fino a che un'ombra faceva capolino dalla porta della sua camera : « Vieni Patrizia, beviamo il caffè ».

A quelle parole la ragazza, con quel movimento reso automatico dai tempi dell'infanzia, balzava fuori dal letto, faceva dieci passi e, tutta infreddolita, si ributtava come allora nel lettone al calore della mamma che aspettava il papà con il caffè. E così cominciava la giornata.

Nella vita di Patrizia il caffè ha accompagnato lo scorrere del tempo, scandendone, con il suo ticchettio, il ritmo. La mattina per svegliarsi, in tarda mattinata per una chiacchierata in ufficio con i colleghi, dopo pranzo e verso sera per fuggire la stanchezza della giornata che iniziava a farsi sentire. Ha segnato le tappe familiari più importanti. Davanti a una tazzina di caffè si decise l'acquisto della tanto agognata villa, poi cosa avrebbero studiato Patrizia e Daniele e infine si discusse, anni dopo, del loro trasferimento all'estero.

Il caffè è stato il muto testimone di infinite chiacchierate con le amiche, di pianti per amori delusi, perduti; in quei momenti tristi o difficili, la mano di Patrizia si

Mit dem Klang des «Kaffeeticktack» ist Patrizia aufgewachsen. Jahre später, als sie aufs Gymnasium ging, waren die Zeiten von Niña, Pinta und Santa Maria fern, einige Gewohnheiten jedoch waren geblieben. Frühmorgens, wenn Papa aufstand, bereitete er nicht nur eine Tasse für sich und Mama, sondern auch eine für Patrizia, während Daniele noch schlief. Jeden Morgen ließ das unfreiwillige Zuschlagen der Tür der Anrichte, aus der Papa die Tassen herausnahm, und das Geräusch des Gasanzünders in der Küche allmählich ihre Sinne in der Trägheit des Halbschlafs erwachen. Körper und Geist verabschiedeten sich langsam vom Schlaf, sie verkroch sich unter der Bettdecke, um die letzten Augenblicke der nächtlichen Wärme zu genießen, bis der Duft des Kaffees in ihr Zimmer drang. Wenige Minuten später hörte sie das schlurfende Geräusch von Papas Pantoffeln und das sich nähernde «Ticktack», bis ein Schatten durch ihre Zimmertür lugte: «Komm, Patrizia, trinken wir Kaffee!»

Bei diesen Worten sprang das Mädchen mit der ihr seit Kindertagen in Fleisch und Blut übergangenen Bewegung aus dem Bett, machte zehn Schritte und warf sich fröstelnd wie damals in die Wärme zu Mama, die in ihrem großen Bett auch auf Papa mit dem Kaffee wartete. Erst dann begann der Tag.

Der Kaffee begleitete in Patrizias Leben den Lauf der Zeit, gab ihr mit seinem Ticktack den Rhythmus vor. Morgens zum Aufwachen, am späten Vormittag für ein Schwätzchen mit den Kollegen im Büro, nach dem Mittagessen und gegen Abend, um der langsam aufkommenden Müdigkeit des Tages zu entfliehen. Er prägte die wichtigsten Abschnitte im Leben der Familie. Bei einer Tasse Kaffee hatte man die Entscheidung zum Kauf der ersehnten Villa getroffen, entschieden, was Patrizia und Daniele studieren sollten, und Jahre später über deren Entschluss, ins Ausland zu gehen, gesprochen.

Der Kaffee war stummer Zeuge bei unendlich vielen Treffen auf einen Schwatz mit den Freundinnen und bei vielen vergossenen Tränen wegen enttäuschter, verlorener Lieben. In solch traurigen

abbandonava al gesto automatico con il cucchiaino per evocare l'amato « ticchettio » che la riportava indietro nel tempo, facendola risentire per un attimo bambina e felice ...

Ora il caffè a letto per svegliarsi la mattina a Patrizia lo porta Tiziano. Il sapore non è quello del caffè antico, ma è altrettanto dolce. E la domenica, ancora quella scena del film che si ripete, ma con personaggi diversi: sono i loro due bambini ora che aspettano il « ticchettio del caffè » e, naturalmente, la Niña, la Pinta e la Santa Maria.

Il caffè di nonno Leo

Anche nonno Leo beveva il caffè. Ma in America, dove aveva vissuto, aveva imparato a berlo in un modo tutto speciale, raccontava. I nipotini non lo potevano nemmeno assaggiare il caffè di nonno Leo. « C'è dentro il whisky ! » dicevano con gli occhioni sbarrati, come se anche il solo pronunciare la parola potesse avere conseguenze terribili. Nessuno sapeva esattamente cosa avrebbe potuto fare così male ai piccoli che non avrebbe fatto male anche al nonno, ma lui, per spaventarli, li minacciava con profezie di ferite sanguinanti e contorcimenti di budella se si fossero soltanto « azzardati » (questo verbo, pronunciato solennemente con l'indice alzato gli piaceva tanto) a bere un piccolissimo sorso del pericoloso elisir.

La famiglia si riuniva a casa di nonno Leo in estate. Anche i nipotini, che vivevano al nord, durante i tre mesi di vacanze scolastiche andavano dai nonni al sud dove, insieme agli altri cuginetti, trascorrevano indimenticabili momenti di gioco e di calore familiare, e respiravano aria di mare e di allegria.

oder schwierigen Momenten griff Patrizia unwillkürlich zum Kaffeelöffel, um das geliebte « Ticktack » wachzurufen, das sie für einen Augenblick in ihre Zeit als glückliches kleines Mädchen zurückversetzte.

Inzwischen bringt Tiziano Patrizia morgens zum Aufwachen den Kaffee ans Bett. Der Geschmack ist ein anderer als damals, aber genauso süß. Und sonntags der gleiche Ablauf, wie ein sich wiederholender Film, nur dieses Mal mit anderen Darstellern; nun sind es ihre beiden Kinder, die auf das « Kaffeeticktack » warten und natürlich auf die Niña, die Pinta und die Santa Maria.

Der Kaffee von Grosspapa Leo

Auch Großpapa Leo trank gern Kaffee. Doch in Amerika, wo er lange gelebt hatte, habe er gelernt, ihn auf eine ganz besondere Art zu trinken, erzählte er. Die Enkelkinder durften Großvater Leos Kaffee nicht einmal kosten. « Da ist Whisky drin ! », sagten sie mit weit aufgerissenen Augen, als könnte schon allein, wenn man das Wort nur ausspricht, etwas Schreckliches geschehen. Niemand wusste genau, was den Kleinen derart schaden könnte, dem Großvater aber nicht. Aber um sie zu erschrecken, prophezeite er ihnen drohend blutende Wunden und Darmverschlingung, wenn sie es auch nur « wagten » (höchst feierlich betonte er dieses Wort mit erhobenem Zeigefinger, was ihm offensichtlich gefiel), einen winzigen Schluck von diesem gefährlichen Zaubertrank zu nehmen.

Im Sommer traf sich die Familie immer in Großpapa Leos Haus. Auch die Enkelkinder, die im Norden lebten, besuchten in ihren drei Monate währenden Schulferien die Großeltern im Süden. Zusammen mit den Cousinen und Cousins verbrachten sie in familiärer Wärme unvergessliche Augenblicke mit Spielen und tankten Meeresluft und Fröhlichkeit.

In quei pomeriggi d'estate l'afa era soffocante. Nel sud Italia, durante la stagione calda, le ore del pomeriggio che vanno dall'una alle tre sono ore morte. È il momento della « controra ». Sono ore in cui l'asfalto si scioglie sotto i raggi a picco del sole impietoso e i muri bianchi delle case riflettono la luce abbagliante quasi a voler espellere quell'aria cocente che brucia occhi e pelle. Anche le pietre che lastricano le vie diventano bollenti e qualche cane randagio cerca inquieto un angolo d'ombra dove rifugiarsi e potersi finalmente rinfrescare. Le strade sono deserte, le persone si guardano bene dal lasciare le case e si abbandonano a un'atmosfera di stordimento, di oblio collettivo.

Anche nonno Leo e la sua famiglia in quelle ore rimanevano a casa. Le finestre erano socchiuse, le persiane verde bottiglia regalavano frescura. I bambini passavano il tempo cercando di sorprendere con l'acchiappamosche quelle scocciatrici estive dai grandi occhi che, intrufolatesi in qualche modo nella fitta rete delle zanzariere alle finestre, speravano di scampare all'afa, ignare del destino altrettanto crudele che le attendeva.

Dopo pranzo le donne di casa erano indaffarate a pulire, sparecchiare, scopare e lavare i piatti, cinguettando tra loro gli ultimi pettegolezzi e novità; i bambini aiutavano senza fare troppo rumore perché il nonno era andato a riposare. Solo al suo risveglio sarebbe ricominciata la vita.

Finalmente, verso le quattro, il nonno si alzava e arrivava in cucina. Come era sua consuetudine si sarebbe preparato per la partita a briscola o a scala quaranta con la nonna e sua sorella, passatempo a cui era dedicato il pomeriggio. Ma prima c'era qualcosa di molto più importante …

Come per incanto la cucina si impregnava improvvisa-

Die Sommernachmittage waren brütend heiß. In der warmen Jahreszeit ist in Süditalien zwischen ein und drei Uhr nachmittags alles wie ausgestorben. Es ist die Zeit der *controra,* so werden die Stunden genannt, in denen der Asphalt unter den stechenden Strahlen der gnadenlosen Sonne schmilzt und die weißen Hauswände das gleißende Licht reflektieren, als wollten sie die glühend heiße, in den Augen und auf der Haut brennende Luft vertreiben. Auch die Pflastersteine werden heiß, und so mancher streunende Hund sucht verzweifelt nach einem Fleckchen Schatten, auf das er sich zur Abkühlung flüchten kann. Die Straßen sind verlassen, man vermeidet es möglichst, aus dem Haus zu gehen, und gibt sich wie betäubt einem kollektiven Schlummer hin.

Auch Großpapa Leo und seine Familie blieben in diesen Stunden im Haus. Die Fenster waren halb geschlossen, die flaschengrünen Läden spendeten ein wenig Kühle. Die Kinder vertrieben sich die Zeit, indem sie versuchten, mit der Fliegenklatsche die sommerlichen Quälgeister mit den großen Augen zu erwischen, die, in der Hoffnung, der Hitze zu entkommen, irgendwie durch das dichte Fliegengitter vor den Fenstern gekrochen waren. Sie konnten ja nicht ahnen, dass sie dort ein ebenso grausames Schicksal erwartete.

Nach dem Mittagessen machten sich die Frauen in der Küche zu schaffen, sie deckten den Tisch ab, kehrten und spülten das Geschirr und plauderten zwitschernd über den neuesten Tratsch. Die Kinder halfen und mussten leise sein, weil der Großvater sich hingelegt hatte. Erst wenn er erwachte, würde das Leben weitergehen.

Endlich, gegen vier Uhr, stand Großvater auf und kam in die Küche. Wie gewohnt traf er seine Vorbereitungen, um mit Großmutter und seiner Schwester die Kartenspiele *briscola* oder *scala quaranta* zu spielen, ihr nachmittäglicher Zeitvertreib. Aber vorher gab es noch etwas viel Wichtigeres …

Wie durch Zauberhand war die Küche plötzlich von einem

mente di un profumo speciale: nonno Leo versava il caffè appena fatto nel bicchiere di vetro e, con movimento lento e sovrano, si alzava e prendeva la bottiglia di whisky dallo sportello più alto della credenza, la apriva e ne metteva un goccio nel caffè. Il whisky per il nonno era l'America. Valentina e gli altri nipotini lo osservavano imbambolati già pregustando quel mondo lontano di cui avrebbe raccontato di lì a poco. Nonno Leo era alto e biondo, aveva gli occhi blu, la pelle così chiara da sembrare trasparente. Il suo corpo magro e compatto era testimonianza di una vita di duro lavoro. Aveva una grande cicatrice che obliqua gli tagliava il petto e la pancia e che contribuiva a conferirgli quell'alone di mistero legato ai suoi anni passati così lontano.

Poi nonno Leo con le sue grandi mani prendeva Valentina, la sollevava e se la metteva a sedere sulle ginocchia; lei sapeva che stava per raccontarle delle belle storie ed era ansiosa di viaggiare con lui e con la fantasia.

« Bagna solo la lingua, senti com'è buono », le diceva all'improvviso in segreto, facendo attenzione che la nonna e gli altri nipotini non sentissero.

« Ma nonno, non fa male? » sussurrava Valentina, « No, se bagni solo un po' la lingua no » rispondeva lui in un bisbiglio.

La piccola chiudeva gli occhi sporgendo lentamente le labbra, lambiva con la lingua delicatamente la bevanda magica e, non appena sentiva il bruciore dell'alcool nelle narici la tirava subito indietro. In quei pochi istanti di trasgressione autorizzata con quel sapore solo sfiorato e intuito di caffè e whisky, la piccola Valentina si sentiva grande e anche un po' americana.

ganz besonderen Duft erfüllt. Großpapa Leo goss den frisch bereiteten Kaffee in ein Glas, erhob sich langsam, aber bestimmt, nahm die Whiskyflasche aus dem obersten Fach des Büffets, öffnete sie und schüttete ein Schlückchen in den Kaffee. Der Whisky bedeutete für Großvater Amerika. Valentina und die anderen Enkelkinder beobachteten ihn verzückt und freuten sich schon auf die ferne Welt, von der er gleich erzählen würde. Großpapa Leo war groß und blond, hatte blaue Augen und eine so helle Haut, dass sie durchsichtig schien. Sein dünner, kräftiger Körper zeugte von einem Leben, das von harter Arbeit geprägt war. Eine große Narbe verlief schräg über Brust und Bauch und trug zu der geheimnisvollen Aura um seine in der Ferne verbrachten Jahre bei.

Dann hob Großpapa Leo Valentina mit seinen großen Händen hoch und setzte sie auf den Schoß; da wusste sie, dass er nun seine schönen Geschichten erzählen würde, und konnte es kaum erwarten, mit ihm und ihrer Fantasie auf die Reise zu gehen.

« Tauch nur deine Zunge ein wenig ein, dann schmeckst du, wie gut das ist ! », sagte er plötzlich heimlich zu ihr, wobei er aufpasste, dass Großmutter und die anderen Enkelkinder es nicht hörten.

« Aber Großpapa, tut mir das nicht weh? », flüsterte Valentina.
« Nein, wenn du die Zunge nur ein wenig eintauchst, nicht », entgegnete er ganz leise.

Die Kleine schloss die Augen, schob ganz langsam die Lippen vor, berührte das magische Getränk vorsichtig mit der Zunge und zog sie, kaum war ihr der scharfe Geruch des Alkohols in die Nase gedrungen, sofort zurück. Doch allein dieser kurze Augenblick erlaubter Überschreitung mit dem nur angedeuteten, erahnten Geschmack von Kaffee und Whisky gab der kleinen Valentina das Gefühl, groß und auch ein wenig amerikanisch zu sein.

Nella sua famiglia Vito si era da sempre autoproclamato « re del caffè ». Era lui ad avere la mano magica. Nessun altro. E questo era insindacabile. Vito aveva un caro amico, Raffaele, i due si capivano molto bene in quanto entrambi « re del caffè ». Un giorno Raffaele confidò a Vito una nuova eccezionale scoperta: aveva letto, chissà dove, che facendo tre buchetti nella polvere di caffè all'interno del filtro della caffettiera, si sarebbe ottenuto un aroma ineguagliabile.

A casa, quella domenica mattina, Vito si impegnò con l'entusiasmo di un bambino: « Vedrete che caffè vi faccio oggi », disse alla moglie Filomena e alla figlia adolescente Giovanna che in cucina guardavano, tra lo stupito e il divertito, le sue mani solerti. Vito si muoveva come un mago. Riempì d'acqua la parte inferiore della caffettiera.

« Vedete? L'acqua fino alla valvoletta, mi raccomando! Non più su, altrimenti viene troppo fluido », spiegò.

Poi collocò il filtro e lo riempì accuratamente di miscela con un cucchiaino.

« Ecco, così, bisogna schiacciare quanto basta, così e … adesso i tre buchetti … Raffaele mi ha detto che non devono essere né troppo grandi né troppo piccoli … Ecco fatto ».

« Capisco », disse la moglie in tono ironico, ma lui, come sempre, non colse la sfumatura.

Soddisfatto, chiuse la caffettiera e la mise sul fuoco; lento, ovviamente.

Ed eccoli tutti e tre lì ad aspettare con trepidazione, nonostante l'aria scettica di moglie e figlia, quella promessa delizia. Finalmente la caffettiera cominciò a sbuffare, il profumo li confuse tutti mentre, incuriositi, si apprestavano a degustare a occhi socchiusi quel caffè su cui erano

Der Kaffeekönig

Vito war in der Familie schon immer der selbst ernannte «Kaffeekönig». Er besaß das Zauberhändchen. Kein anderer. Und das war unanfechtbar. Vito hatte einen guten Freund, Raffaele, sie verstanden sich bestens, da sie beide «Kaffeekönige» waren. Eines Tages vertraute Raffaele Vito eine neue, einmalige Entdeckung an. Irgendwo hatte er gelesen, dass ein unvergleichliches Aroma erzielt werden kann, wenn man in das Kaffeepulver im Filter der Espressokanne drei kleine Löcher drückt.

Mit der Begeisterung eines Kindes machte Vito sich an diesem Sonntag zu Hause gleich daran, es auszuprobieren. «Heute sollt ihr mal sehen, was ich euch für einen Kaffee bereite!», sagte er zu seiner Frau Filomena und der halbwüchsigen Tochter Giovanna, die in der Küche etwas verblüfft und amüsiert seine geschäftigen Hände beobachteten. Wie ein Magier bewegte Vito sich. Er goss Wasser in den unteren Teil der Espressokanne.

«Seht ihr? Bis zu dem kleinen Ventil. Bloß nicht darüber, sonst ist es zu viel Flüssigkeit.»

Dann setzte er den Filter ein und füllte sehr sorgfältig mit einem kleinen Löffel das Kaffeepulver hinein.

«Genau so, so viel wie nötig reinpressen, so, und jetzt die drei kleinen Löcher. Raffaele meinte, sie dürften weder zu groß noch zu klein sein. Fertig!»

«Ich verstehe», meinte seine Frau etwas süffisant, aber wie immer bemerkte er die ironische Note gar nicht.

Befriedigt schloss er die Espressokanne und stellte sie auf die Herdplatte, bei kleiner Flamme natürlich.

Gespannt standen nun alle drei da und warteten, Frau und Tochter eher etwas skeptisch, auf die versprochene Köstlichkeit. Endlich fing die Maschine an zu schnauben, der Duft betörte geradezu und neugierig kosteten sie mit halb geschlossenen Augen den Kaffee, an den so große Erwartungen geknüpft waren.

riposte così grandi aspettative. Filomena e Giovanna si scambiarono uno sguardo d'intesa compassionevole.

Vito spalancò gli occhi e si rivolse a Filomena « Allora, che ne dici? » Ci rimase un po' male quando la moglie gli disse « Sì, caro, è buono … ma … ha lo stesso sapore di sempre, non mi sembra così speciale ». Da parte sua Giovanna si limitò a sghignazzare.

« Le solite guastafeste » commentò Vito acido e, benché non credesse fino in fondo che moglie e figlia parlassero sul serio, per un momento la sua convinzione che il caffè con i tre buchetti fosse il migliore del mondo vacillò. Siccome le pulci nell'orecchio danno fastidio, decise di fare una prova ulteriore. Quale migliore occasione se non la visita settimanale a suo padre Salvatore?

Ogni domenica dopo pranzo, Vito andava a trovare il suo anziano padre per fargli il caffè. Questa abitudine non era solo un modo per stare un po' con lui ma anche una diretta conseguenza della sua convinzione che essere « re del caffè » fosse sicuramente una cosa da uomini. Quindi, benché il padre vivesse con Nina, la sorella di Vito che si prendeva cura di lui costantemente, il caffè in quel giorno speciale lo faceva lui personalmente, lasciando alla donna il compito di lavare le tazzine.

« Almeno una volta alla settimana papà beve un caffè degno di questo nome » soleva dire.

Quel pomeriggio, dunque, preparò il caffè con i tre buchetti. Non disse nulla, sperando di guadagnarsi dal padre un'obiettiva riprova dell'eccezionalità della « nuova » bevanda e, pur non dando molto valore al giudizio della sorella, invitò anche lei a unirsi a loro.

« Vieni Nina, siediti, vieni e gustati il caffè ! »

« No, lascialo sul tavolo, lo bevo dopo » rispose lei troppo impegnata a lavare i piatti. Non coglieva la solennità del momento e mostrava un'assoluta indifferenza alla

Filomena und Giovanna tauschten einen Blick mitleidigen Einvernehmens aus.

Vito sah Filomena mit weit aufgerissenen Augen fragend an: «Nun, was sagst du dazu?» Er war etwas enttäuscht, als seine Frau meinte: «Nun ja, Liebster, er ist gut, aber – er schmeckt eigentlich wie immer, ich finde ihn nicht irgendwie besonders.» Giovanna grinste nur.

«Die üblichen Spielverderber», lautete sein säuerlicher Kommentar, und obwohl er im Grunde genommen nicht glaubte, dass seine Frau und seine Tochter es ernst meinten, geriet seine Überzeugung, dass der Kaffee mit den drei kleinen Löchern der beste der Welt sei, für einen Augenblick ins Wanken. Da es aber an ihm nagte, beschloss er, einen weiteren Versuch zu unternehmen. Bot der wöchentliche Besuch bei seinem Vater Salvatore nicht die beste Gelegenheit dazu?

Jeden Sonntag nach dem Mittagessen besuchte Vito seinen alten Vater und machte ihm Kaffee. Das tat er nicht nur, um seinen Vater zu sehen, sondern auch weil er überzeugt war, dass «Kaffeekönig» zu sein natürlich reine Männersache war. Also bereitete er, obwohl seine Schwester Nina beim Vater war und ihn Tag und Nacht betreute, an diesem besonderen Tag persönlich den Kaffee; den Abwasch der Tassen überließ er der Frau.

«Wenigstens einmal in der Woche trinkt Papa einen Kaffee, der diesen Namen verdient», pflegte er zu sagen.

An jenem Nachmittag machte er also den Kaffee mit den drei kleinen Löchern. Er sagte nichts und hoffte, vom Vater eine objektive Bestätigung dafür zu bekommen, wie ausgezeichnet dieses «neue» Getränk sei, und obwohl er dem Urteil der Schwester nicht viel Bedeutung beimaß, forderte er auch sie auf.

«Komm, Nina, setz dich und genieß den Kaffee!»

«Nein, lass ihn auf dem Tisch stehen, ich trink ihn später», antwortete sie, weil sie gerade zu sehr mit dem Abwasch beschäftigt war. Sie begriff die Feierlichkeit des Augenblicks gar

cosa. Gli uomini si guardarono in faccia con un ghigno di sufficienza e iniziarono a sorseggiare il caffè.

Salvatore bevve il primo sorso in silenzio e il secondo anche. A Vito, che scrutava con enorme attenzione il viso rugoso del padre, non parve di scorgere neppure il minimo movimento che dimostrasse sorpresa o consenso, ma quando il vecchio fece cenno di dire qualcosa il volto del figlio s'illuminò « Finalmente, se n'è accorto ! ! » pensò fra sé.

« La cosa peggiore è bere il caffè freddo », sentenziò invece Salvatore guardando Nina con una smorfia di disappunto. E Vito annuì con la stessa espressione sul volto dovuta però alla grande delusione. Non sapeva se dire qualcosa o meno, ma fu tolto immediatamente dall'imbarazzo perché Nina, fulminando i due uomini con uno sguardo assassino, sbottò :

« Ma che volete da me ? Invece di ringraziarmi perché vi faccio da serva avete anche da ridire perché non bevo il caffè quando volete voi ? ».

E la donna, che non aveva mai urlato per anni, trasformandosi in un fiume in piena straripante di frustrazione e rabbia, iniziò a elencare tutto quello che aveva solo e sempre sopportato in silenzio terminando così :

« E poi cosa pensate, che occorra essere un genio per fare un caffè ? Che ci vuole a riempire una caffettiera e a metterla sul fuoco ? »

« Bene, se ti senti così brava la prossima volta lo farai tu e staremo a vedere » Vito sfidò la sorella con un sopracciglio sollevato e un sorriso tutto maligno, dovuto forse alla bruciante sconfitta del caffè con i tre buchetti. Nina, era così stufa di fare la sguattera che non se lo fece ripetere due volte e raccolse la sfida.

Si ricordò di aver letto su una di quelle riviste femminili che teneva nel cesto vicino a quello con i gomitoli

nicht und war völlig gleichgültig. Die Männer grinsten sich gönnerhaft an und schlürften ihren Kaffee.

Salvatore trank schweigend den ersten und auch den zweiten Schluck. Sehr aufmerksam beobachtete Vito das faltige Gesicht des Vaters, er vermochte nicht den geringsten Ausdruck von Überraschung oder Anerkennung zu entdecken, doch als der Vater anhob, etwas zu sagen, strahlte Vito: « Endlich hat er es gemerkt ! »

« Es gibt nichts Schlimmeres als kalten Kaffee ! », meinte Salvatore hingegen und sah Nina missmutig an. Vito nickte mit dem gleichen Gesichtsausdruck, allerdings aus Enttäuschung. Er wusste nicht, ob er etwas sagen sollte, wurde aber jäh aus seiner Verwirrung gerissen, weil Nina mit mörderischem Blick auf die beiden Männer losging und sie anfuhr:

« Was wollt ihr eigentlich? Anstatt mir zu danken, dass ich für euch das Dienstmädchen spiele, meckert ihr auch noch, weil ich den Kaffee nicht trinke, wann ihr es wollt ! »

Die Schwester, die sich jahrelang nicht beschwert hatte, verwandelte sich in einen reißenden Strom aus Frust und Wut und zählte alles auf, was sie bisher immer nur schweigend erduldet hatte, und meinte schließlich:

« Und was glaubt ihr eigentlich, was für ein Genie man sein muss, um einen Kaffee zu machen? Was ist daran so schwer, eine Espressokanne zu füllen und auf den Herd zu stellen? »

« Gut, wenn du dich für so toll hältst, machst du ihn eben das nächste Mal, und dann werden wir schon sehen ! », forderte Vito mit hochgezogener Augenbraue und einem richtig boshaften Lächeln, das vielleicht der kräftigen Niederlage mit seinem Kaffee mit den drei kleinen Löchern geschuldet war, seine Schwester heraus. Nina, die die Nase voll hatte, ständig nur die Küchenmagd zu sein, ließ sich das nicht zweimal sagen und nahm die Herausforderung an.

Sie erinnerte sich, in einer dieser Frauenzeitschriften, die sie immer in dem Korb neben dem mit den Wollknäueln auf-

per la maglia, la ricetta per un caffè davvero eccezionale. Andò a ripescarla e quando la trovò, un largo sorriso le illuminò il volto.

Fu così che la domenica seguente agì di sorpresa. Prima che Vito arrivasse e Salvatore si svegliasse dal pisolino pomeridiano, preparò un caffè. Il primo liquido appena uscito dalla caffettiera, quello più denso e forte, lo mise in una tazzina. Lo coprì di zucchero e iniziò a montarlo con il cucchiaino fino a farne una crema dorata e soffice. Poi mise la tazzina in frigo.

Arrivato Vito fece lei il caffè e zuccherò le tazzine fumanti con la crema che aveva preparato e ... meraviglia delle meraviglie ... !

« Oh ! ! ! ! » Le espressioni scettiche e di sfida sui volti degli uomini si erano trasformate in sorpresa e ammirazione: sopra il caffè si era formata una morbida crema, esattamente come quella che si forma sull'espresso del bar.

« Come hai fatto? » chiesero in coro, guardandola come se fosse un'altra persona.

Nina con quell'atto si era conquistata finalmente il titolo di « regina del caffè ».

Quel giorno le tazzine le lavò Salvatore, e Vito, dopo averle asciugate e rimesse zitto zitto nella credenza, tornò a casa entusiasta per sorprendere Filomena e Giovanna con la nuova, eccezionale scoperta.

bewahrte, das Rezept für einen wirklich besonders guten Kaffee gelesen zu haben. Sie machte sich daran, es herauszusuchen, und als sie es gefunden hatte, ging ein Strahlen über ihr Gesicht.

Und so kam es, dass sie am darauffolgenden Sonntag für eine Überraschung sorgte. Bevor Vito kam und Salvatore von seinem Nachmittagsschläfchen erwacht war, bereitete sie schon einmal einen Kaffee vor. Die erste Flüssigkeit, die frisch aus der Espressokanne kam, die dickste und stärkste, goss sie in eine Tasse. Sie bedeckte sie mit Zucker und rührte dann mit dem Kaffeelöffel so lange um, bis sich eine goldfarbene, schaumige Creme bildete. Dann stellte sie die Tasse in den Kühlschrank.

Als Vito kam, machte sie frischen Kaffee und zuckerte das dampfende Getränk mit ihrer vorbereiteten Creme – und welch ein Wunder!

«Oh!!!» Der skeptische und herausfordernde Ausdruck auf den Gesichtern der Männer hatte sich in Überraschung und Bewunderung verwandelt. Auf dem Kaffee hatte sich eine weiche Creme gebildet, genau wie beim Espresso in der Bar.

«Wie hast du denn das hingekriegt?», fragten beide im Chor und sahen sie an, als sei sie eine andere Person.

Mit dieser Leistung hatte Nina eindeutig den Titel der «Kaffeekönigin» erworben.

An jenem Tag wusch Salvatore die Tassen ab, und nachdem Vito sie ohne Kommentar abgetrocknet und in den Schrank gestellt hatte, ging er begeistert nach Hause, um Filomena und Giovanna mit der tollen neuen Entdeckung zu überraschen.

Religione all'italiana

La religione cattolica è parte del Dna degli italiani, della loro mente, del loro cuore e, naturalmente, dei loro costumi. Non c'è luogo o situazione in Italia in cui qualcosa non ricordi a tutti la comune appartenenza al popolo delle pecorelle di Cristo. Sono le innumerevoli chiese con lo scampanio domenicale per esempio, le cappellette votive e le cosiddette Madonnelle, edicole sacre poste agli angoli delle strade e agli incroci dei vicoli, le frequenti notizie relative al Papa riportate dal telegiornale a mantenere sempre vivo un rapporto con la fede. Che dire poi di espressioni come «Se Dio vuole», «Che Dio ci protegga» diventate praticamente degli automatismi, o del segno della croce fatto senza nemmeno rendersene conto quando si passa appunto davanti a una delle sopracitate cappellette. Anche nell'intimità del privato le cose non sono molto diverse. È normale, soprattutto al sud, trovare nelle case pareti straripanti di immagini di santi, crocifissi e Madonnine fosforescenti che si alternano alle foto dei defunti, mentre nelle auto, attaccati al cruscotto, trionfano i ritratti magnetici di San Cristoforo, protettore degli automobilisti, e dallo specchietto retrovisore pendono rosari, tutti elementi fondamentali dell'equipaggiamento religioso-scaramantico di base.

In questo modo fisico e molto terreno di vivere la religione, non possono mancare storie di visioni, rivelazioni, guarigioni miracolose, illuminazioni mistiche e poteri «divini». Così statue di Madonne piangono lacrime vere, il sangue di San Gennaro puntualmente ogni anno si liquefa, la presenza di Padre Pio si manifesta anticipata dal profumo di violette e miracoli, veri o presunti che siano, sono all'ordine del giorno. In occasione delle festività più importanti la religione pare addirittura riversarsi per le

Religion auf italienische Art

Die katholische Religion ist Teil der DNA der Italiener, ihres Geistes, ihres Herzens und natürlich ihrer Bräuche. Es gibt kaum einen Ort, eine Situation in Italien, die einen nicht an die gemeinsame Zugehörigkeit zum Volk der Schäfchen Christi erinnern würde. Die zahllosen Kirchen mit ihrem sonntäglichen Glockengeläut zum Beispiel, die Votivkapellen und die sogenannten Madonnelle, *kleine Marienkapellen an Straßenecken und Wegkreuzungen, die häufigen Berichte über den Papst in den Fernsehnachrichten halten die Beziehung zum Glauben lebendig. Ausdrücke wie «so Gott will», «möge Gott uns beschützen» sind ebenso Automatismen geworden wie das Bekreuzigen, das man unbewusst ausübt, wenn man eben vor einer dieser oben genannten kleinen Kapellen vorbeigeht. Auch in der Intimität der Privatsphäre liegen die Dinge nicht viel anders. Es ist ganz normal, vor allem im Süden, in den Häusern Wände voller Heiligenbilder, Kruzifixe und kleine, phosphoreszierende Madonnen vorzufinden, daneben Fotos der Verstorbenen, während im Auto auf dem Armaturenbrett Magnetbildchen des heiligen Christophorus, des Schutzheiligen der Autofahrer, triumphieren und am Rückspiegel Rosenkränze baumeln, alles genuine Elemente der religiösen, Unheil abwendenden Grundausstattung.*

Bei dieser physischen und sehr erdverbundenen Art, Religion zu leben, dürfen Geschichten von Visionen, Enthüllungen, Wunderheilungen, mystischen Erleuchtungen und «göttlichen» Mächten nicht fehlen. So weinen Marienstatuen echte Tränen, das Blut des Heiligen Gennaro verflüssigt sich pünktlich jedes Jahr, Veilchenduft kündigt die Anwesenheit des Pater Pio an und Wunder, ob echte oder nur geglaubte, sind an der Tagesordnung. Anlässlich der wichtigsten Feste scheint sich die Religion geradezu in die Straßen zu ergießen, an Weihnachten ist die

strade, a Natale la Penisola si anima di presepi viventi e a Pasqua, da nord a sud, si mettono in scena, con riti suggestivi e pieni di fervore, la passione e la resurrezione di Gesù. Cristi insanguinati, Madonne addolorate, sante protettrici e santi protettori sono portati in processione da uno stuolo di uomini incappucciati, a volte scalzi o persino con piedi incatenati, al cui seguito una folla di fedeli vive uno stato di preghiera e catarsi collettiva.

Figlia della fede

« Credo ergo sum. »

Clara è al mondo perché Marta, sua madre, ebbe fede. Quella fede profonda che segna la vita e la scandisce attraverso il ritmo di preghiere, invocazioni, voti e ringraziamenti.

Marta non riusciva ad avere figli. Dopo diversi tentativi, lei e il marito Gianni stavano quasi per arrendersi. I soldi erano pochi in famiglia, Gianni lavorava come operaio in una grande fabbrica del nord mentre Marta faceva la casalinga, profondamente convinta che un figlio andasse aspettato lì, dentro le quattro mura domestiche. « Se un bambino potesse scegliere da chi essere messo al mondo sceglierebbe sicuramente una madre casalinga e non una di quelle che per far carriera lo abbandona a una baby sitter » diceva con le gote infiammate e gli occhi lucidi alle amiche. Pregava sempre: la mattina appena apriva gli occhi, a pranzo e a cena, e in più la sera, prima di addormentarsi, recitava il rosario e qualche preghiera dal retro dei santini che le avevano dato in chiesa la domenica. Ma nonostante tutta questa sua devozione il figlio non arrivava.

Halbinsel voll von lebenden Krippen und Ostern werden von Norden bis Süden mit eindrücklichen Riten und voller Inbrunst Passion und Auferstehung Christi aufgeführt. Blutüberströmte Christusfiguren, schmerzerfüllte Madonnen, weibliche und männliche Schutzheilige werden in Prozessionen von einer Schar von Kapuzenmännern, manche barfuß oder sogar mit aneinandergeketteten Füßen, getragen, denen eine Menge Gläubiger im Zustand des Gebets und der kollektiven Katharsis folgt.

Tochter des Glaubens

«Credo ergo sum.»

Clara ist auf der Welt, weil ihre Mutter Marta damals auf Gott vertraut hat, mit dieser Art von tiefem Glauben, der das Leben prägt und ihm durch Gebete, Anrufungen, Gelübde und Danksagungen einen Rhythmus gibt.

Marta konnte keine Kinder bekommen. Nachdem sie Verschiedenes versucht hatten, wollten sie und ihr Mann Gianni es schließlich aufgeben. Die Familie hatte wenig Geld, Gianni war Arbeiter in einer großen Fabrik im Norden, Marta war Hausfrau und fest davon überzeugt, dass ein Kind in den eigenen vier Wänden erwartet werden sollte. «Wenn ein Kind sich aussuchen könnte, von wem es zur Welt gebracht werden möchte, würde es sicher eine Mutter wählen, die Hausfrau ist, und nicht eine Mutter, die noch Karriere machen will und es einem Babysitter überlassen würde», sagte sie mit roten Wangen und glänzenden Augen zu ihren Freundinnen. Sie betete eigentlich immer. Morgens, sobald sie die Augen öffnete, zum Mittagessen und zum Abendessen und abends vor dem Einschlafen dann noch den Rosenkranz und ein paar Gebete von der Rückseite der Heiligenbildchen, die sie sonntags in der Kirche bekam. Aber trotz dieser ganzen Hingabe kam kein Kind.

« Non può avere figli signora, se ne faccia una ragione » era stato alla fine il perentorio verdetto del medico. Per Marta fu come una condanna a morte e quel giorno si arrabbiò, e tanto, con il suo « buon Dio ». La donna era anche devota a una serie di santi, in special modo a San Pio perché aveva la sensazione che la proteggesse. E fu appunto a lui che decise di indirizzare la sua estrema speranza.

Quell'anno dunque convinse Gianni a fare un ultimo tentativo e ad andare in pellegrinaggio dal « Frate di Pietrelcina » a San Giovanni Rotondo, in Puglia, dove il mistico era vissuto. Il burbero frate cappuccino, prima della sua santificazione avvenuta il 16 giugno 2002, era stato oggetto di grandi controversie all'interno della chiesa stessa, che l'aveva addirittura « interdetto », e poi, solo in un secondo momento, riabilitato. Marta aveva seguito da vicino la sua storia. Perfino lei, a volte, aveva dubitato. Le stigmate di padre Pio erano state definite da alcuni medici che l'avevano visitato come una semplice patologia della cute o, ancora peggio, come ferite provocate con la tintura di iodio o l'acido fenico; inoltre si era scoperto un commercio di pezzuole macchiate di sangue che avrebbe dovuto provenire dalle stigmate di Padre Pio, ma che in realtà era sangue di gallina. A tutto questo pensava Marta mentre varcava la soglia della chiesa di Santa Maria delle Grazie. La chiesa era gremita di fedeli, i frati cappuccini erano indaffaratissimi e davanti a ogni confessionale multilingue c'era una fila che sembrava interminabile. Nella cripta, dove era esposta la tomba del frate, non si riusciva quasi a respirare, Marta si sentì mancare l'aria e si aggrappò al braccio di Gianni. Donne inginocchiate con il rosario in mano, malati, persone che piangevano, che pregavano a voce alta, altre che invece sussurravano racconti su guarigioni miracolose e altre ancora che litigavano per conquistarsi un posto meno scomodo dove mettersi a pregare.

«Sie können keine Kinder bekommen, Signora. Schlagen sie es sich aus dem Kopf», lautete schließlich das endgültige Urteil des Arztes. Für Marta kam es einem Todesurteil gleich. An jenem Tag war sie ziemlich wütend auf ihren «guten Gott». Sie war aber auch einer Reihe von Heiligen treu ergeben, ganz besonders Pater Pio, da sie fühlte, dass er sie beschützte, und so beschloss sie, ihre allerletzte Hoffnung in ihn zu setzen.

Also überredete sie Gianni, in diesem Jahr noch ein einziges Mal einen Versuch mit einer Wallfahrt zu «Frater von Pietrelcina» in San Giovanni Rotondo in Apulien zu unternehmen, wo der Mystiker gelebt hatte. Der griesgrämige Kapuzinermönch war vor seiner Heiligsprechung am 16. Juni 2002 Gegenstand heftiger Kontroversen innerhalb der Kirche gewesen, die ihn geradezu «entmündigt» und dann anschließend wieder rehabilitiert hatte. Marta hatte sehr interessiert seine Lebensgeschichte verfolgt. Selbst sie hatte manchmal an ihm gezweifelt. Die Stigmata von Pater Pio waren von etlichen Ärzten, die ihn untersucht hatten, als einfache Hautkrankheit oder, schlimmer noch, als durch Jodtinktur oder Karbolsäure verursachte Verletzungen bezeichnet worden. Außerdem war ein regelrechter Handel mit Tüchern entdeckt worden, die mit dem Blut befleckt waren, das angeblich aus den Stigmata des Pater Pio stammte, in Wirklichkeit aber Hühnerblut war. An all das dachte Marta, als sie die Schwelle der Kirche Santa Maria delle Grazie überschritt. Die Kirche war überfüllt mit Gläubigen, die Kapuzinermönche waren sehr beschäftigt und vor jedem für mehrere Sprachen zuständigen Beichtstuhl befand sich eine nicht enden wollende Schlange. In der Krypta, wo sich das Grab des Paters befand, konnte man kaum atmen, Marta bekam fast keine Luft und klammerte sich an Giannis Arm. Frauen mit dem Rosenkranz in der Hand knieten dort, Kranke, weinende und laut betende Menschen, andere hingegen flüsterten sich Berichte von Wunderheilungen zu, wieder andere stritten um einen bequemeren Platz zum Beten.

Marta era lì in mezzo a loro, anche lei inginocchiata vicino alla tomba del frate tra quella moltitudine di fedeli, il cuore che le oscillava tra la rabbia e l'amore e la mente tra il dubbio e la fede. A un certo punto alzò gli occhi e si guardò intorno. Quello che vedeva non poteva essere solo frutto di un imbroglio, tutte quelle persone lì presenti, il fatto che alla fine la chiesa avesse accettato Padre Pio proclamandolo addirittura santo, l'amore e la fede di cui traboccava quel luogo sacro, tutto ciò poteva essere solo frutto di un miracolo. Pregò a lungo sulla tomba del santo e gli chiese un'unica grazia, quella di farla diventare madre. Alla fine però, poco prima di rialzarsi, forse perché d'improvviso le erano tornate in mente tutte le volte che aveva pregato invano, ebbe un momento di stizza e osò lanciare una sfida al Santo: « Se mi darai un figlio crederò in te tutta la vita, altrimenti ... ». Le mancò il coraggio di terminare la frase e, appena pronunciate, le parole si rintanarono nel suo cuore e furono dimenticate dalla sua mente.

Passò qualche tempo e Marta rimase incinta. Nove mesi dopo diede alla luce la bellissima Clara.

La notte dopo il parto Padre Pio comparve a Marta in sogno e le disse « Ecco, credi in me adesso, donna di poca fede? Inginocchiati e prega! ». Marta si svegliò singhiozzando perché solo allora le riaffiorò alla mente la sfida che aveva osato lanciare al frate. Si fece il segno della croce, si alzò dal letto e s'inginocchiò chiedendo perdono e ringraziando Padre Pio per la grazia che le aveva concesso. Così si addormentò e rimase tutta la notte. La mattina dopo, quando l'infermiera la trovò in ginocchio con la testa appoggiata al letto, la svegliò delicatamente e Marta raccontò a tutti della meravigliosa grazia ricevuta.

E così la notizia dell'ennesimo miracolo di Padre Pio si sparse tra fedeli e non.

Marta befand sich mitten unter ihnen, auch sie kniete am Grab des Paters in der Schar der Gläubigen, ihr Herz schwankte zwischen Wut und Liebe, der Verstand zwischen Zweifel und Glauben. Sie blickte schließlich auf und sah sich um. Das, was sie hier sah, konnte nicht nur Frucht eines Schwindels sein, diese ganzen Menschen hier, die Tatsache, dass die Kirche am Ende Pater Pio akzeptiert und ihn heiliggesprochen hatte, die Liebe und der Glaube, wovon dieser heilige Ort nur so überquoll, all das konnte doch nur Frucht eines Wunders sein. Lange betete sie am Grab des Heiligen und bat ihn um die einzige Gnade, Mutter werden zu dürfen. Am Ende jedoch, kurz bevor sie sich wieder erhob, wurde sie richtig zornig – vielleicht waren ihr plötzlich die vielen vergeblichen Gebete eingefallen – und sie wagte den Heiligen herauszufordern: «Wenn du mir ein Kind schenkst, werde ich mein ganzes Leben lang an dich glauben, ansonsten ...» Ihr fehlte der Mut, den Satz zu beenden, doch kaum ausgesprochen, vergruben die Worte sich in ihrem Herzen und ihr Kopf vergaß sie.

Einige Zeit darauf wurde Marta schwanger. Neun Monate später erblickte eine wunderschöne Clara das Licht der Welt.

In der Nacht nach der Geburt erschien Pater Pio Marta im Traum und sprach: «Nun, glaubst du jetzt an mich, Kleingläubige? Knie nieder und bete!» Marta erwachte schluchzend, denn erst jetzt tauchten in ihrem Kopf die herausfordernden Worte wieder auf, die sie an den Pater zu richten gewagt hatte. Sie bekreuzigte sich, stand auf und kniete nieder, um den Pater um Verzeihung zu bitten und sich für seine Gnade zu bedanken. So schlief sie ein und verharrte die ganze Nacht in dieser Haltung. Am nächsten Morgen fand die Schwester sie noch auf Knien, den Kopf ans Bett gelehnt. Sie weckte sie vorsichtig und Marta erzählte allen von der wunderbaren Gnade, die sie empfangen hatte.

Und so verbreitete sich die Kunde vom x-ten Wunder des Pater Pio wie ein Lauffeuer unter den Gläubigen und Nichtgläubigen.

Antonella aveva un forte senso di nausea. Quelle terribili parole le erano uscite di bocca così, quasi senza che se ne rendesse conto. Solo qualche secondo dopo aveva realizzato, stordita e incredula, che, per la prima volta in vita sua, aveva commesso un peccato mortale.

Ebbene sì : aveva bestemmiato. Ma la cosa, al contempo incredibile e terribile, era che pronunciare quelle parole l'aveva fatta sentire d'improvviso meravigliosamente libera. Libera dall'educazione bigotta dei suoi genitori, dal perbenismo ipocrita, libera soprattutto da sua madre e dalla sua fede ossessiva e pedante.

Ma ora, ancora una volta, i sensi di colpa e la sua anima cattolica la stavano punendo. Le parole di sua madre, le rimbombavano in testa « Finirai all'inferno a bruciare in eterno !, Finirai all'inferno a bruciare in eterno ! ». Quante volte aveva sentito quella frase ! Troppe volte. Anche da bambina, purtroppo, bastava un niente a far scattare la terribile minaccia. Per esempio quella volta che aveva rotto involontariamente il lume sul tavolino, o una volta che, ai tempi della scuola media, si era nascosta al porto per saltare un'interrogazione e la madre era venuta a saperlo, e ancora, quando aveva dato il primo bacio e glielo aveva raccontato felice. Certo, ora se solo lo avesse saputo, avrebbe avuto finalmente un valido motivo per pronunciare quella sua minaccia. Forse che una bestemmia non è davvero qualcosa di grave? Nonostante Antonella razionalmente si dicesse che era solo una sciocchezza, un peso le gravava sullo stomaco al punto quasi da impedirle di respirare.

Era arrabbiata, ma soprattutto era stufa. Stufa delle risposte che la religione cattolica non le dava più, dell'in-

Der Fluch

Antonella war es ganz schlecht. Die schrecklichen Worte waren ihr einfach so herausgerutscht, ohne dass sie es bemerkt hätte. Erst ein paar Sekunden später war es ihr klar geworden, sie war ganz benommen und konnte es nicht glauben, das erste Mal in ihrem Leben hatte sie eine Todsünde begangen.

Kein Zweifel, sie hatte geflucht. Doch diese Worte auszusprechen hatte sie – unglaublich und schrecklich zugleich – ganz unerwartet wunderbar frei gemacht. Frei von der bigotten Erziehung ihrer Eltern, dem heuchlerischen Spießbürgertum, frei insbesondere von ihrer Mutter und deren obsessivem und kleinkariertem Glauben.

Doch gleich stellten sich auch wieder Schuldgefühle ein, ihre katholische Seele bestrafte sie. Die Worte ihrer Mutter hämmerten in ihrem Kopf: «Du wirst in der Hölle enden und bis in die Ewigkeit dort schmoren! Du wirst in der Hölle enden und bis in die Ewigkeit dort schmoren!» Wie oft hatte sie diesen Satz gehört! Zu oft. Auch als Kind, leider, es genügte eine Kleinigkeit und schon prasselte die Drohung auf sie nieder. Wie damals zum Beispiel, als sie aus Versehen die Lampe auf dem kleinen Tisch zerbrochen hatte, oder ein andermal, in der Mittelschule, als sie sich am Hafen versteckt hatte, um einem Ausgefragtwerden zu entgehen, und die Mutter es erfahren hatte, oder der erste Kuss, von dem sie ihr glücklich erzählt hatte. Gewiss, in diesem Fall jetzt, wenn sie von dem Fluch erfahren würde, dann hätte sie wenigstens mal einen richtigen Grund für ihre Drohung gehabt. Ist ein Fluch in Wirklichkeit vielleicht doch etwas Schlimmes? Obwohl der Verstand Antonella sagte, dass es sich nur um eine Kleinigkeit handelte, drückte es ihr trotzdem derart auf den Magen, dass sie kaum atmen konnte.

Sie war wütend, aber vor allem hatte sie es satt. Sie hatte es satt, von der katholischen Religion keine Antworten zu be-

coerenza e dell'ambiguità della Chiesa. Ed era oltremodo stufa anche del gruppo di preghiera a cui la madre la obbligava a partecipare tutte le settimane costringendola a pagare un'offerta ogni mese nonostante i pochi soldi che si ritrovava. Non ne poteva più, inoltre, di tutta quella paccottiglia appesa in soggiorno, di quella serie infinita di crocifissi, delle foto dei morti di famiglia e delle immagini dei santi più sconosciuti. Da bambina non riusciva neanche a entrare in quella stanza, tutte quelle statuine e quei quadretti rischiarati dai lumini rossi la fissavano trasmettendole un'angoscia infinita perché quasi nessuno tra santi e defunti le sorrideva. Eppure Antonella ogni sera doveva entrare con la madre proprio lì a recitare «l'eterno riposo» per i morti che avrebbero dovuto proteggerla. Ogni volta aveva un forte senso di nausea e si chiedeva come avrebbero mai potuto proteggere lei visto che non erano riusciti neanche a proteggere loro stessi, ed erano finiti così appesi al muro con quelle facce tristi e sofferenti. E ancora. Era stufa marcia dei continui segni della croce che sua madre si faceva, e della rabbia che le saliva addosso quando prima che lei si addormentasse, le imprimeva il segno di una croce sulla fronte dicendo «Che Dio ti benedica», come se fosse ancora una bambina.

Ma lei non era più una bambina, aveva vent'anni ormai, insomma aveva tutto il diritto di liberarsi da queste zavorre.

Da qualche mese aveva dunque dichiarato guerra alla religione cattolica e aveva dato un nome alla sua libertà: buddismo. L'idea che tutto accadesse secondo il principio di causa ed effetto le sembrava molto più convincente di un mondo ordinato secondo il volere di un essere supremo che non impediva però il continuo ripetersi di morte, dolore, ingiustizie e mostruosità. Anche perché questo stesso Dio con lei non era stato generoso. L'aveva creata

kommen, hatte genug von der Verlogenheit und Doppelmoral der Kirche. Sie hatte keine Lust mehr auf die Gebetsgruppe, zu der die Mutter sie jede Woche verpflichtete, wobei sie sie auch noch jeden Monat zu einer Spende zwang, obwohl sie wenig Geld hatte. Sie ertrug außerdem diesen ganzen Tinnef nicht mehr, der im Wohnzimmer hing, diese nicht enden wollende Reihe von Kruzifixen, die ganzen Fotos der verstorbenen Familienangehörigen und Bilder von kaum bekannten Heiligen. Als kleines Mädchen schaffte sie es nicht, dieses Zimmer zu betreten. All diese kleinen Statuen und diese mit roten Lämpchen beleuchteten Bildchen, die sie dort anstarrten, jagten ihr schreckliche Angst ein, weil kaum einer der Heiligen oder Verstorbenen sie anlächelte. Aber Antonella musste jeden Abend mit der Mutter dort hineingehen und «Die ewige Ruhe» für die Toten beten, denn diese würden sie beschützen. Ihr wurde jedes Mal richtig schlecht und sie fragte sich, wie die sie denn je hätten beschützen sollen, wo sie doch nicht einmal in der Lage waren, sich selbst zu beschützen, sondern mit ihren traurigen und leidenden Gesichtern hier an der Wand aufgehängt geendet hatten. Und überhaupt. Sie hatte dieses ewige Bekreuzigen ihrer Mutter satt und diese in ihr aufsteigende Wut, immer wenn diese, bevor sie einschlief, ihr ein Kreuz auf die Stirn zeichnete und sagte: «Gott möge dich segnen!», als sei sie noch ein kleines Kind.

Sie war aber kein kleines Kind mehr, sie war inzwischen zwanzig Jahre alt, also hatte sie nun jegliches Recht, sich von dieser Last zu befreien.

Seit ein paar Monaten hatte sie also der katholischen Religion den Krieg erklärt und dieser Freiheit auch einen Namen gegeben: Buddhismus. Der Gedanke, dass alles nach dem Prinzip von Ursache und Wirkung geschah, erschien ihr sehr viel überzeugender als eine Weltordnung nach dem Willen eines höchsten Wesens, welches eine ständige Wiederkehr von Tod, Schmerzen, Ungerechtigkeit und Schrecken nicht verhinderte. Auch weil

cicciottella e talmente miope che quegli occhiali spessi, erano da sempre parte di lei, alla maniera di un braccio o una gamba. E parte di lei era anche la sua anima cattolica, purtroppo. Quest'ultima riaffiorava puntualmente sotto le sembianze di sua madre, della Madonna, di Gesù e di mille santini, a volte severa, altre indulgente, a volte addirittura beffarda … ma, sempre e comunque, riaffiorava.

Quel giorno era stata invitata a fare meditazione con il gruppo di buddisti che aveva iniziato a frequentare, ovviamente di nascosto. La meditazione includeva la visualizzazione del Lama, iniziatore e guida spirituale del gruppo di cui si poteva guardare una foto al centro della grande sala.

A occhi chiusi, seduta su un cuscino da meditazione a gambe incrociate, Antonella respirò profondamente, cercando di dimenticare il dolore alle sue gambe robuste che soffrivano in quella postura innaturale. «Ecco, ancora un attimo, bene» si disse, ora era pronta per la visualizzazione. Si concentrò e, come per incanto, vide subito il Lama. Sul volto di Antonella si disegnò un timido sorriso di soddisfazione. All'improvviso però, nel bel mezzo della visualizzazione, come una diapositiva che lascia il posto alla successiva, il Lama fu spintonato ed estromesso dall'immagine della Madonna, proprio quella di profilo e a capo coperto che stava appesa nella stanza di sua madre.

Resasi subito conto di cosa stava succedendo, Antonella riacciuffò con forza l'immagine svanita del Lama, ma in un attimo il poveretto si ritrovò di nuovo cacciato, questa volta da un'immagine meno soave della prima. Il diavolo, tutto rosso e con tanto di corna, la guardava e le diceva «Vieni, figlia mia …, vieni che ti porto con me». Le pulsazioni di Antonella si impennarono, i muscoli si tesero, un piede le si intorpidì, mentre le gambe le dolevano e la pancia le si contrasse in uno spasmo. Cercò ostinatamen-

dieser Gott es mit ihr nicht sehr gut gemeint hatte. Er hatte sie zu rundlich und derart kurzsichtig geschaffen, dass die Brille mit den dicken Gläsern wie ein Arm oder ein Bein immer Teil von ihr war. Leider war auch ihre katholische Seele Teil von ihr, die prompt immer wieder auftauchte, sei es in Gestalt ihrer Mutter oder als die heilige Madonna, als Christus oder tausend kleine Heilige, manchmal streng, manchmal mild, manchmal geradezu höhnisch, aber immer und unweigerlich tauchte sie auf.

Eines Tages wurde sie aufgefordert, an einer Meditation der buddhistischen Gruppe teilzunehmen, der sie sich, natürlich heimlich, angeschlossen hatte. Teil der Meditation war es, den Lama, den Begründer und geistigen Führer der Gruppe, zu visualisieren, dessen Foto sich in der Mitte des großen Saales befand.

Die Augen geschlossen, mit gekreuzten Beinen auf einem Meditationskissen sitzend, atmete Antonella tief, wobei sie versuchte, ihre schmerzenden fülligen Beine zu vergessen, die in dieser unnatürlichen Haltung ziemlich litten. «Noch einen Moment, so ist es gut», sagte sie sich, jetzt war sie bereit für die Visualisierung. Sie konzentrierte sich und wie durch Zauberei sah sie sofort den Lama. Auf Antonellas Gesicht zeigte sich ein schüchternes, zufriedenes Lächeln. Ganz plötzlich jedoch, mitten in der Visualisierung, wurde der Lama wie ein Diapositiv, das für das nächste Platz macht, vom Bild der Madonna fortgestoßen und verdrängt, und zwar genau von der, die im Profil und mit bedecktem Kopf im Zimmer ihrer Mutter hing.

Antonella war sofort bewusst, was hier geschah, sie holte das verschwundene Bild des Lama augenblicklich zurück, doch schon im nächsten Moment war der Arme wieder verjagt, dieses Mal von einem weniger sanften Bild als zuvor. Diesmal blickte sie, ganz in Rot und mit gut erkennbaren Hörnern, der Teufel an und sagte: «Komm, meine Tochter, komm, ich nehme dich mit.» Antonellas Puls schnellte in die Höhe, die Muskeln verspannten sich, der eine Fuß schlief ihr ein, während die Beine schmerzten und der Bauch sich im Krampf zusammenzog. Hartnäckig versuchte sie,

te di riprendere il controllo della situazione, ricominciò a concentrarsi sul respiro «inspira, espira, inspira, espira ...» si disse. Si calmò. Riaprì gli occhi, guardò la foto del Lama per visualizzarlo di nuovo, li richiuse ed ecco, era di nuovo pronta ...

Che la responsabile di tutto quello che le stava accadendo fosse la sua vecchia anima cattolica era chiaro. Pareva averlo capito anche il Lama perché, davanti a tutto quello spiegamento di armi nemiche, aveva pensato bene di filarsela. Antonella non riuscì più a visualizzarlo.

Quando la lotta si fa dura solo i duri sopravvivono e quindi, rifletté, doveva aspettarselo che la sua dura anima cattolica sarebbe stata pronta a usare tutte le armi a sua disposizione. Al posto del Lama si stagliò, sempre più chiara l'immagine di colui che l'avrebbe portata alla capitolazione definitiva: sì, proprio lui, San Francesco. Era da sempre il suo santo preferito per la sua scelta di povertà, per il suo meraviglioso ‹Cantico delle creature› e, non ultimo, per il suo amore sviscerato verso gli animali, che lei pienamente condivideva. Quando lo vide, con il saio e il sorriso disarmante, la sua resistenza era già molto provata. Ma alla sua anima cattolica questo ancora non bastava, e così le sferrò il colpo di grazia. Il santo si animò, girò lo sguardo verso di lei e le sorrise ammiccante. Antonella si sentì svenire. Si rese conto che il frate con il saio aveva la faccia di Brad Pitt, il suo attore preferito.

Come svegliandosi da un incubo balzò in piedi, ebbe un capogiro e si risedette. Un tizio che meditava vicino a lei le chiese se andasse tutto bene e Antonella, tra lo sconvolto e l'arrabbiato, rispose secca «Sì, però vado a casa». Raccolta la copertina e il cuscino da meditazione, scappò, scappò per l'ennesima volta, furiosa e sconfitta ma poi ... Fu lì che bestemmiò.

die Situation wieder in Griff zu bekommen, sie konzentrierte sich wieder auf den Atem: einatmen, ausatmen, einatmen, ausatmen. Schließlich beruhigte sie sich, öffnete die Augen und betrachtete noch einmal das Foto des Lama, um ihn erneut zu visualisieren. Sie schloss die Augen, jetzt war sie wieder bereit.

Es war klar, dass an allem, was ihr passierte, ihre alte katholische Seele schuld war. Selbst der Lama schien es verstanden zu haben, denn bei dem Aufgebot all dieser feindlichen Waffen hatte er sich doch lieber aus dem Staub gemacht. Antonella gelang es nicht mehr, ihn zu visualisieren.

In einem harten Kampf überleben nur die Harten, erwog Antonella, also musste sie von ihrer harten katholischen Seele erwarten können, dass sie mit allen ihr zur Verfügung stehenden Waffen kämpfte. Anstelle des Lama zeichnete sich immer mehr das Bild desjenigen ab, der ihre endgültige Kapitulation herbeiführen sollte: Ja, genau er war es, der heilige Franziskus, der für sich die Armut gewählt hatte, weswegen er seit je ihr Lieblingsheiliger war, aber auch wegen seines wunderbaren ‹Sonnengesangs› und nicht zuletzt seiner leidenschaftlichen Liebe zu den Tieren, die sie von ganzem Herzen teilte. Als sie ihn sah, mit der Kutte und seinem entwaffnenden Lächeln, war ihr Widerstand schon sehr geschwächt, aber ihrer katholischen Seele genügte das noch nicht und sie erteilte ihr den Gnadenstoß. Es kam Leben in den Heiligen, er lächelte ihr augenzwinkernd zu. Antonella hatte das Gefühl, ohnmächtig zu werden – der Mönch mit der Kutte hatte das Gesicht von Brad Pitt, ihrem Lieblingsschauspieler.

Wie aus einem Albtraum erwacht, sprang sie auf, ihr wurde schwindlig und sie setzte sich wieder. Ein Typ neben ihr fragte, ob alles in Ordnung sei, und Antonella, verwirrt und gleichzeitig wütend, antwortete knapp: «Ja, aber ich gehe jetzt.» Sie griff nach der Decke und dem Meditationskissen und floh. Sie floh zum x-ten Mal, zornig und geschlagen, und – fluchte.

Marco cercava di controllare il battito del suo cuore che, dall'orgoglio e dalla felicità, pareva scoppiargli nel petto. Al settimo cielo per l'emozione, guardava in silenzio una per una, le statue dei Misteri: «Cristo nell'Orto», «Cristo Flagellato», «Cristo Deriso», «La Crocifissione», quella importantissima di «Cristo Morto» e, infine, «Maria Addolorata». La chiesa era vuota e silenziosa, alle ventidue avrebbero chiuso per ultimare i preparativi. Era Venerdì Santo e Marco rimirava le statue e pregava. Volgeva a Dio la sua riconoscenza per la grazia che gli aveva concesso. Quella notte verso l'una sarebbe stato il momento più bello della sua vita e il desiderio che nella sua famiglia si tramandava di padre in figlio sarebbe stato esaudito. Era riuscito, Dio solo sa come, a realizzarlo per sé, per suo padre, per suo nonno e per tutti i suoi antenati che tanto avevano ambito a quell'occasione di riscatto sociale. Sarebbe stato lui, proprio lui, uno dei fortunati ad avere l'onore di indossare, durante la Processione dei Misteri, il saio viola con il cappuccio e a trasportare, insieme ad altri tre uomini, la statua più importante di tutte: il «Cristo Morto». Quel simbolo di potere e influenza sociale avrebbe fatto di lui un uomo di rango, invidiato e rispettato.

Posò ancora una volta gli occhi sulla statua: era bella, la amava e, insieme a lei, amava se stesso. Amava anche Matteo, suo amico fin dai tempi del servizio militare, grazie alla cui raccomandazione era riuscito a entrare nella congregazione del Cappuccio viola. Marco era un semplice muratore e, a rigore, avrebbe dovuto accontentarsi di una congregazione minore. No, quella del Cappuccio viola non era per gente come lui,

Die Karfreitagsprozession

Marco versuchte seinen Herzschlag unter Kontrolle zu bekommen. Vor lauter Stolz und Glück drohte das Herz ihm in der Brust zu zerspringen. Er war im siebten Himmel vor Aufregung und betrachtete schweigend die Prozessionsstatuen, eine nach der anderen: « Christus am Ölberg », « Der gegeißelte Christus », « Der verspottete Christus », « Die Kreuzigung », dann die ganz besonders wichtige, der « Leichnam Christi » und schließlich noch « Maria, die Schmerzensreiche ». Die Kirche war still und leer, um zweiundzwanzig Uhr würde man sie für die letzten Vorbereitungen schließen. Es war Karfreitag und Marco betrachtete die Statuen und betete. Er richtete an Gott seine Dankbarkeit über die Gnade, die ihm erteilt worden war. In dieser Nacht, gegen ein Uhr, würde der schönste Augenblick in seinem Leben kommen und der in seiner Familie vom Vater auf den Sohn übertragene Wunsch in Erfüllung gehen. Es war ihm gelungen, nur Gott weiß wie, ihn für sich, für seinen Vater, seinen Großvater und für alle seine Vorfahren zu verwirklichen, die alle so sehr diese Gelegenheit zum sozialen Aufstieg erstrebt hatten. Er, ausgerechnet er, war einer der Glücklichen, die die Ehre haben würden, während der Karfreitagsprozession in der violetten Kutte mit der Kapuze zusammen mit drei anderen Männern die wichtigste Statue von allen, den « Leichnam Christi » zu tragen. Dieses Symbol von Macht und sozialem Einfluss würde aus ihm einen Mann von Rang machen, beneidet und respektiert.

Noch einmal wandte er den Blick der Statue zu. Sie war schön, er liebte sie und damit sich selbst. Auch Matteo liebte er, seinen Freund seit dem Militärdienst. Dank seiner Empfehlung war es ihm gelungen, in die Bruderschaft der violetten Kapuzen einzutreten. Marco war ein einfacher Maurer und hätte sich streng genommen mit einer niedrigeren Bruderschaft zufriedengeben müssen. Nein, die Bruderschaft der violetten Kapuzen war eigentlich nicht für Leute wie ihn, sondern für

ma per i nobili e i liberi professionisti della città, la cui affiliazione passava automaticamente ai discendenti. Ma quando Matteo, che era figlio di un notaio, aveva saputo di quel desiderio di Marco che era passato di generazione in generazione nella sua famiglia, gli aveva sorriso e detto con affetto, « Vedrò cosa posso fare ».

Così Marco un giorno potè raccontare alla madre e alle sorelle che era diventato membro della congregazione del Cappuccio viola e le donne piansero di gioia. « Era sempre stato il desiderio di tuo padre buonanima », aveva detto sua madre abbracciandolo.

« No, mamma, il desiderio di papà e di nonno era portare la statua di ‹ Cristo Morto › alla processione dei Misteri a Pasqua, ed è questo che farò. »

« Ma come farai figlio mio, è già tanto che tu sia riuscito a entrare nella congregazione, lo sai, lì c'è gente che aspetta anni prima di avere l'onore di portare la statua, e poi ci vogliono tanti soldi … »

Sì, questo lo sapeva, perché perfino Matteo aspettava ormai da tre anni. Sapeva anche che, per potersi « candidare » a portare la statua, si doveva fare una grossa offerta che, per altro, consentiva solo di partecipare al sorteggio. Marco però era un tipo sveglio e, frequentando l'ambiente, aveva scoperto presto che in realtà un'altra strada c'era: bastava rivolgersi alla « persona giusta » con un'offerta adeguata e sarebbe stato « sorteggiato ».

Così Marco, con in mano una busta contenente tutti i suoi risparmi, si era ritrovato di lì a poco davanti alla famosa « persona giusta » la quale, da parte sua, aveva una lista di quattro nomi che sarebbero stati « sicuramente sorteggiati ». Non tutti avevano dovuto pagare, alcuni infatti vi erano entrati per merito, come nel caso

Honoratioren und Freiberufler der Stadt, deren Mitgliedschaft automatisch an die Nachkommen übergeht. Doch als Matteo, Sohn eines Notars, von Marcos und dem seit Generationen in der Familie gehegten Wunsch erfahren hatte, hatte er freundlich lächelnd gesagt: «Mal sehen, was ich tun kann.»

So konnte Marco eines Tages seiner Mutter und den Schwestern erzählen, dass er nun Mitglied der Bruderschaft der violetten Kapuzen geworden sei, und die Frauen weinten vor Freude. «Das war schon immer der Wunsch deines seligen Vaters», sagte die Mutter und umarmte ihn.

«Nein, Mama, Vaters und Großvaters Wunsch war es, die Statue des ‹Leichnam Christi› bei der Karfreitagsprozession zu tragen, und das werde ich tun.»

«Aber wie willst du denn das anstellen, es ist doch schon viel, dass es dir gelungen ist, in die Bruderschaft einzutreten, du weißt doch, dass es Leute gibt, die Jahre warten, bevor sie zu der Ehre kommen, die Statue tragen zu dürfen, und außerdem benötigt man sehr viel Geld dafür.»

Ja, das wusste er, weil sogar Matteo mittlerweile schon drei Jahre gewartet hatte. Er wusste auch, dass man, um überhaupt für das Tragen der Statue «kandidieren» zu können, eine große Spende entrichten musste, die einen dann erst einmal nur zur Auslosung zuließ. Aber Marco war recht aufgeweckt, und da er sich in diesen Kreisen bewegte, hatte er bald herausgefunden, dass es in Wirklichkeit einen anderen Weg gab, genügte es doch, sich mit einer angemessenen Spende an die «richtige Person» zu wenden, um «ausgelost» zu werden.

So stand Marco mit einem Kuvert mit allen seinen Ersparnissen in der Hand bald vor dieser berühmten «richtigen Person», die ihm aber eine Liste von vier Personen präsentierte, die «ganz sicher ausgelost» werden würden. Nicht alle mussten bezahlen, einige konnten aufgrund von Verdiensten in die Liste aufgenommen werden, wie im Falle von Matteo, der schon

di Matteo che aspettava da anni. Si era dato molto da fare per la congregazione e l'avevano voluto premiare inserendolo a sua insaputa.

« Sì, ma adesso uno di questi deve saltare, se devo inserire te. »

« E allora? » rispose spavaldo Marco.

A saltare fu proprio Matteo e, a quel punto, Marco si sentì crollare il mondo addosso. Sapeva quanto l'amico ci tenesse a portare la statua, ma poi pensò a suo padre, a suo nonno, a se stesso e decise che a Matteo sarebbe sicuramente toccato l'anno seguente.

E così era entrato nella rosa dei prescelti.

« Mi hanno preso, ho avuto una fortuna incredibile » raccontò alla madre.

« Oh, il Signore ci ha fatto la grazia, ha ascoltato le mie preghiere ! » esultò lei.

« Sai, devo imparare a marciare, tre passi avanti e uno indietro ondeggiando così … » Marco ondeggiava e mostrava alla madre emozionata quello che aveva imparato.

E ora, in chiesa, pregava e ringraziava. La chiesa era addobbata di fiori, di ceri illuminati e, sull'altare, attorno al tabernacolo, c'erano tante piantine ornate da un fiocco. Rivide se stesso bambino quando metteva i semi in un piatto, li copriva con del cotone e poi ogni sera li innaffiava e li controllava per vederne spuntare i teneri germogli. Poi li metteva in vaso e restava in attesa della nascita delle piantine. Una volta che erano nate, insieme alla mamma e alle sorelle le adornava con un fiocco e le portava sull'altare il Giovedì Santo per il rito dei Sepolcri. A quel ricordo si sentì invadere da un senso di tenerezza, ma poi gli tornò in mente Matteo, l'amico tradito e, in preda a una fitta allo stomaco, si alzò bruscamente. Si guardò in giro, i compagni della confraternita erano

seit Jahren wartete. Er hatte sehr viel für die Bruderschaft geleistet, man wollte ihn dafür belohnen, indem man ihn, ohne dass er es wusste, eintrug.

« Nun, wenn ich dich aufnehmen soll, muss einer von denen aber jetzt rausfliegen. »

« Na und? », meinte Marco dreist.

Doch es war ausgerechnet Matteo, der rausfliegen sollte, und da fühlte Marco die Welt über sich zusammenbrechen. Er wusste, wie viel es für Matteo bedeutete, die Statue zu tragen, doch dann dachte er an den Vater, den Großvater, an sich selbst und meinte, dass Matteo bestimmt im folgenden Jahr drankommen würde.

So war er in den Kreis der Erwählten eingetreten.

« Sie haben mich genommen, ich hatte unglaubliches Glück! », erzählte er der Mutter.

« Oh, der Herr hat uns die Gnade erwiesen, er hat meine Gebete erhört! », jubelte sie.

« Ich muss lernen, wie man gehen muss, drei Schritte vor und einen zurück, und sich dabei so zu wiegen: » Marco wiegte sich vor und zurück und zeigte der bewegten Mutter, was er gelernt hatte.

Und jetzt, in der Kirche, betete er und bedankte sich. Die Kirche war dekoriert mit Blumen und brennenden Kerzen und auf dem Altar, rund um den Tabernakel, standen lauter mit einer Schleife geschmückte Pflänzchen. Er sah sich selbst wieder als Kind, wie er Samen auf einen Teller gab, sie mit Baumwolle bedeckte und dann jeden Abend goss und kontrollierte, ob schon zarte Triebe sprossen. Er pflanzte sie dann in einen Topf und wartete darauf, dass die Pflänzchen herauskamen. Wenn sie groß waren, schmückte er sie zusammen mit der Mama und den Schwestern mit einer Schleife und brachte sie am Gründonnerstag zum Altar für die Heilige-Grab-Liturgie. Bei dieser Erinnerung durchströmte ihn ein Gefühl von Zärtlichkeit, doch dann fiel ihm Matteo wieder ein, der betrogene Freund, und ein Stich in der Magengegend ließ ihn abrupt aufstehen. Er sah sich um, die Kameraden der Bruderschaft waren schon ganz

già in fermento, c'erano le statue da preparare. Fu colto da una grande inquietudine e decise di andare a casa. Salutò gli altri, « Tra un'ora ritorno e vi aiuto a preparare » promise.

A casa, per l'eccitazione, non poté fare a meno di riprovarsi il saio e guardarsi allo specchio: ecco, tutti l'avrebbero visto così, bello e nobile. « Per nonno, per papà ... Finalmente la mia famiglia nella congregazione del Cappuccio viola » si disse.

Vinto dalla stanchezza si mise sul letto e si addormentò. Si ritrovò all'improvviso, col saio e incappucciato, nelle stradine strette del centro storico del paese. Era notte, ma non era solo, c'erano anche le statue. C'era « Cristo nell'Orto », Gesù insanguinato con la corona di spine, le stesse statue che erano in chiesa, grandi come esseri umani. Queste tutt'a un tratto presero ad animarsi e ad avvicinarglisi. I loro sguardi sofferenti erano vivi, anche le gocce di sangue che cadevano dalla corona di spine erano vere e si rovesciavano su di lui mentre Gesù cercava di toccarlo. Preso dal panico, Marco iniziò a scappare inseguito dalle statue per strade che diventavano sempre più anguste e, ogni volta che ne imboccava una nuova sperando di mettersi in salvo, ecco che si ritrovava una statua con le braccia insanguinate protese verso di lui. Scappava e scappava, dietro di lui le statue lo inseguivano, e la statua di « Cristo Flagellato » si faceva sempre più vicina. Marco correva e correva, senza però avanzare neanche di un millimetro e la statua lo raggiungeva e gli afferrava la mano ...

« Marco! Marco! È mezzanotte, svegliati, sei in ritardo! »

Era sua madre che lo tirava per il braccio. Marco si svegliò spaventato e sudato e, senza avere neanche il tempo di ripensare al sogno, si precipitò davanti alla chiesa.

Erano tutti lì che lo aspettavano, arrabbiati e preoccupati. Davanti alla chiesa si affollava tantissima gente,

geschäftig, man musste die Statuen vorbereiten. Eine große Unruhe überkam ihn und er beschloss, nach Hause zu gehen. Er verabschiedete sich von den anderen mit den Worten: « Ich komme in einer Stunde wieder und helfe euch dann bei den Vorbereitungen. »

Zu Hause konnte er vor Aufregung nicht anders, als noch einmal die Kutte anzuprobieren und sich im Spiegel zu betrachten. So edel und schön würden ihn alle sehen. « Für Großvater, für Vater … meine Familie, endlich in der Bruderschaft der violetten Kapuze », sagte er sich.

Von Müdigkeit übermannt, legte er sich aufs Bett und schlief ein. Mit Kutte und übergezogener Kapuze befand er sich plötzlich in den kleinen, engen Straßen des historischen Zentrums. Es war Nacht, aber er war nicht allein, auch die Statuen waren anwesend. Da war « Christus am Ölberg », der blutüberströmte Jesus mit der Dornenkrone, dieselben Statuen wie in der Kirche, groß, wie menschliche Wesen. Ganz plötzlich nahmen sie Leben an und näherten sich ihm. Ihr leidender Blick war lebendig, echt waren auch die Blutstropfen, die von der Dornenkrone auf ihn tropften, als Jesus ihn zu berühren versuchte. Voller Panik floh Marco von den Statuen verfolgt durch Straßen, die immer enger wurden, und jedes Mal, wenn er in eine neue einbog, in der Hoffnung, sich in Sicherheit bringen zu können, stand da schon eine Statue und streckte ihm ihre blutigen Arme entgegen. Er floh immer weiter, die Statuen ihm nach, die des « gegeißelten Christus » kam immer näher. Marco rannte und rannte, kam nun jedoch keinen Millimeter mehr voran. Die Statue erreichte ihn und griff nach seiner Hand …

« Marco ! Marco ! Es ist Mitternacht, wach auf ! Du bist zu spät ! »

Seine Mutter zupfte ihn am Arm. Erschrocken wachte Marco schweißüberströmt auf. Ohne auch nur Zeit zu haben, über den Traum nachzudenken, stürzte er zur Kirche.

Alle waren schon da und warteten auf ihn, wütend und besorgt. Vor der Kirche hatte sich eine riesige Menge eingefunden. Viele

tanti erano già lì da un pezzo per assicurarsi un posto sul muretto o sulle scale di qualche uscio. All'una in punto si spensero le luci. Poco dopo il portone della chiesa si aprì davanti alla folla. Si udirono le prime note della marcia funebre suonata dalla banda e si cominciarono a intravedere i primi rametti d'ulivo che precedevano la statua di « Cristo nell'Orto » seguita con grande lentezza dalle altre.

La tensione era fortissima, quella della folla che aspettava il momento magico, l'uscita di Gesù Morto, e quella che Marco, ancora sconvolto dal sogno, sentiva dentro di sé. Venne posizionato il baldacchino nero che sempre precede la comparsa del simulacro di « Cristo Morto » davanti alla chiesa e la statua cominciò lentamente a muoversi. « Tre avanti, uno indietro, tre avanti uno indietro » si ripeteva Marco, sperando di non perdere il ritmo. La musica cessò, le altre statue erano immobili, la folla pareva trattenere il respiro. Marco aveva l'impressione che tutti potessero sentire il battito irregolare del suo cuore tanto profondo era il silenzio, in cui si sentiva sussurrare solo il *vexilla regis*. Ed ecco che la statua varcò il portone della chiesa. Nell'oscurità illuminata solo dalla luce ondeggiante dei ceri, la musica riprese. Marco, in bilico tra sogno e realtà, si ritrovava lì incappucciato a ripetere movimenti provati così spesso, ma questa volta con la pesantissima statua sulla spalla.

La processione s'incamminò verso il centro storico, i partecipanti sussurravano una nenia di preghiere, la banda suonava, Marco e gli altri ondeggiavano sotto il peso della statua. « Tre avanti, uno indietro, tre avanti uno indietro » si ripeteva per distrarsi da quel turbamento che ancora non lo abbandonava. Il fortissimo odore d'incenso, i lamenti dei fedeli, la pressione della gente, i balconi delle case che straripavano di persone era tutto terribil-

waren schon eine ganze Weile da, um sich einen Platz auf dem Mäuerchen oder auf den Stufen von irgendeinem Eingang zu sichern. Punkt eins erloschen die Lichter. Kurz darauf öffnete sich vor der Menge das Kirchenportal. Die ersten Töne des von der Kapelle gespielten Totenmarsches erklangen und schon waren die ersten Olivenzweige zu sehen, noch vor der Statue von «Christus am Ölberg», der dann ganz langsam die anderen folgten.

Mit großer Spannung wartete die Menge auf den magischen Moment, auf das Erscheinen des «Leichnam Christi». Auch Marco war äußerst angespannt, noch immer verwirrt von dem Traum, der ihn umtrieb. Vor der Kirche wurde der schwarze Baldachin aufgestellt, der dem «Leichnam Christi» stets vorangetragen wird. Langsam setzte sich die Statue in Bewegung. «Drei vor, eins zurück», zählte Marco sich vor und hoffte, nicht aus dem Takt zu geraten. Die Musik verstummte, die anderen Statuen standen still, die Menge schien den Atem anzuhalten. Marco hatte den Eindruck, man würde das unregelmäßige Schlagen seines Herzens hören, so tief war die Stille, in der man nur das Gemurmel des «Vexilla regis» vernahm. Und schon passierte die Statue die Schwelle des Kirchentors. Im flackernden Licht der Kerzen, die allein das Dunkel erleuchteten, setzte die Musik wieder ein. In einem Schwebezustand zwischen Traum und Wirklichkeit stand Marco da mit seiner Kapuze und wiederholte die so oft geübten Bewegungen, doch dieses Mal mit dieser schrecklich schweren Statue auf der Schulter.

Die Prozession bewegte sich in Richtung historisches Zentrum, die Teilnehmer murmelten ihr klagendes Gebet, die Kapelle spielte, Marco und die anderen schwankten unter dem Gewicht der Statue. «Drei vor, eins zurück, drei vor, eins zurück», wiederholte er, um der Unruhe, die noch nicht gewichen war, Herr zu werden. Der beißende Geruch von Weihrauch, das Wehklagen der Gläubigen, das Gedränge, die Balkone der Häuser, die überquollen vor Menschen, all das lastete schreck-

mente opprimente. Marco poteva vedere solo dalle due strette fessure di quel cappuccio che gli copriva la faccia come una coltre e gli toglieva il respiro. « Per me, per mio padre, per mio nonno », si ripeteva mentre si accorgeva che faceva sempre più fatica a pensare lucidamente.

Entrarono lentamente nel centro storico. Ecco! Era proprio la stradina che aveva sognato! Marco la riconobbe, sentì il calore aumentare, cercò di respirare lentamente, la gente gli si ammassava intorno sempre di più, gli mancò l'aria. « Per me, per mio padre, per mio nonno », le sue parole erano diventate una nenia che si univa a tutte le altre, « Per me, per mio padre, per mio nonno ». Vide improvvisamente la statua di « Cristo Flagellato » venirgli incontro da una stradina laterale e il suo sogno improvvisamente farsi vivo e reale. Si allarmò e si sentì soffocare. Nel tentativo maldestro di togliersi il cappuccio per respirare fece pericolosamente ondeggiare la statua e si ritrovò faccia a faccia con il Cristo Morto sdraiato sul feretro.

Un urlo si alzò dalla folla. La statua barcollò vertiginosamente, gli altri tre portatori mantennero a fatica l'equilibrio per non farla cadere, qualcuno accorse in aiuto.

Marco era svenuto e con lui suo padre, suo nonno ...

lich auf ihm. Marco konnte nur durch die zwei kleinen Schlitze der Kapuze sehen, die wie eine Sargdecke über seinem Gesicht hing und ihm den Atem nahm. « Für mich, für meinen Vater, für meinen Großvater », wiederholte er sich ständig, doch er merkte, dass er kaum noch klar denken konnte.

Allmählich war man im historischen Zentrum angelangt. Da! Da war genau die enge Straße, von der er geträumt hatte! Marco erkannte sie wieder, ihm wurde ganz heiß, er versuchte langsam zu atmen, die Leute rundherum wurden immer mehr, er bekam keine Luft. « Für mich, für meinen Vater, für meinen Großvater. » Seine Worte waren zu einem Klagelied geworden, das sich mit all den anderen vereinte. « Für mich, für meinen Vater, für meinen Großvater. » Da sah er plötzlich die Statue des « gegeißelten Christus » aus einer kleinen Seitenstraße auf sich zukommen, sein Traum wurde plötzlich lebendig und real. Er wurde immer unruhiger und glaubte zu ersticken. Bei dem ungeschickten Versuch, sich die Kapuze vom Kopf zu reißen, um wieder Luft zu bekommen, brachte er die Statue derart gefährlich ins Wanken, dass er sich von Angesicht zu Angesicht mit dem auf der Bahre ausgestreckten « Leichnam Christi » wiederfand.

Ein Aufschrei in der Menge. Die Statue schwankte schwindelerregend, die anderen drei Träger konnten nur mit Mühe das Gleichgewicht halten, um zu verhindern, dass sie herunterfiel, jemand eilte zu Hilfe.

Marco war ohnmächtig geworden und mit ihm sein Vater, sein Großvater …

La famiglia soprattutto?

La famiglia in Italia? Sicuramente non è più quella di una volta.

Secondo studi recenti a dominare sarebbe la famiglia con un solo figlio. Il termine famiglia allargata esiste ancora ma il suo significato è cambiato. I legami non sono più solo determinati dal sangue. Si aggiungono quindi nuovi elementi emotivi del presente e del passato dei singoli esponenti: l'ex della madre, la nuova moglie del padre e il figlio del suo matrimonio precedente insieme al figlio avuto dalla nuova compagna e così via! Nella famiglia italiana moderna vengono dunque superati i confini e conquistati margini di libertà individuale impensabili fino a poco tempo fa. Nelle famiglie allargate nel senso antico del termine che ancora sopravvivono, i legami affettivi garantiscono una rete di protezione su cui poter contare pressoché in qualsiasi momento, ma prevedono anche una totale mancanza di privacy, intromissioni continue nella vita dell'altro (molti matrimoni che si rompono in Italia lo devono a una suocera invadente), condizionamenti e obblighi parentali da cui non ci si può sottrarre.

Nelle famiglie italiane, soprattutto al sud, vige la tradizione di dare il nome del nonno o della nonna ai nuovi nati per sottolineare la continuità e l'appartenenza al nucleo familiare. Succede così che per distinguere i vari Domenico vecchi e nuovi interni a uno stesso gruppo familiare si storpi il nome o si inventino soprannomi spesso comici o grotteschi.

E l'uomo italiano, il famoso «latin lover»? A quanto pare la categoria è davvero in crisi. Gli uomini italiani, secondo i sondaggi, sono diventati fiacchi, leziosi ed

Familie – über alles?

Die italienische Familie? Sie ist auch nicht mehr das, was sie einmal war!

Nach neuesten Studien überwiegt in Italien die Ein-Kind-Familie. Zwar existiert der Begriff der Großfamilie weiterhin, doch hat sich seine Bedeutung gewandelt. Nicht mehr die Blutsbande allein entscheiden über die Zugehörigkeit. Neue Familienmitglieder aus aktuellen und zurückliegenden Bindungen kommen hinzu: der Exmann der Mutter oder die neue Frau des Vaters und das Kind aus dessen vorangegangener Ehe zusammen mit dem Kind der neuen Partnerin und, und, und! Hier sind Grenzen überschritten und individuelle Freiräume erobert worden, wie es bis vor Kurzem noch undenkbar gewesen wäre. Garantierten in der Großfamilie im herkömmlichen Sinn die emotionalen Bindungen zwar auch eine Art Schutznetz, auf das man sich fast immer verlassen konnte, so bedeuteten sie auch den totalen Verlust der Privatsphäre, ein ständiges Einmischen in das Leben des anderen (viele Ehen in Italien scheitern an einer übergriffigen Schwiegermutter), Gängelung und Druck jeglicher Art und Verwandtschaftspflichten, denen man sich nicht entziehen kann.

In italienischen Familien, insbesondere im Süden, wird Neugeborenen traditionell der Name des Großvaters oder der Großmutter gegeben, um das Fortbestehen einer Kernfamilie zu gewährleisten und die Zugehörigkeit zu ihr zu unterstreichen. Damit man aber die verschiedenen alten und neuen Domenicos innerhalb einer Familie unterscheiden kann, werden die Namen verstümmelt oder Spitznamen erfunden, die nicht selten komisch oder geradezu grotesk sind.

Und der italienische Mann, der legendäre «latin lover»? Diese Spezies scheint sich in einer wahrhaften Krise zu befinden. Umfragen zufolge ist der italienische Mann von heute lustlos,

effeminati. Troppo attenti all'aspetto fisico, ma insicuri e sempre più spesso alle prese con ansia da prestazione. In passato invece il «latin lover» italiano godeva di grande fama nel mondo, e famosa era la sua arte di sedurre e di far sentire la donna una regina. Non rappresentava certo un modello di lealtà in quanto non si limitava a prestare i suoi servigi a una sola regina, ma li distribuiva generosamente. Nella cultura italiana il tradimento da parte dell'uomo è stato per secoli accettato e giudicato come una cosa «normale» anche dalle donne stesse che dicevano: «L'importante è che torni da me». Forse era da questo atteggiamento delle donne, che il «latin lover» italiano derivava tanta sicurezza di sé: per basso, grasso, vecchio che fosse, lui comunque «ci provava» e soprattutto con donne in realtà per lui irraggiungibili, perché, si sa, tentar non nuoce ...

Va detto infine che, quando si parla di famiglie italiane, non si deve dimenticare che ci sono grosse differenze all'interno della stessa Italia, che il concetto di famiglia presente al sud è spesso diverso da quello che vige al nord. Quando queste s'incontrano finiscono a volte per scontrarsi.

Gli stranieri

Oggi siamo una trentina a tavola, si festeggiano le nozze d'oro dei nonni, Carmela e Domenico. Siamo arrivati tutti, figli e nipoti, quelli sparpagliati un po' per l'Italia, fra cui la mia famiglia e quelli emigrati in America. Le zie avevano deciso da tempo di festeggiare nella casa di campagna: « Così siamo fra di noi e ci divertiamo di più ! » avevano detto e si erano messe a preparare energiche e allegre un menù di tutto rispetto. Il colpo d'occhio è com-

affektiert und verweichlicht. Er legt viel zu viel Wert auf sein Äußeres, ist unsicher und steht zunehmend unter Leistungsdruck. Früher hingegen war der italienische «latin lover» auf der ganzen Welt berühmt für seine Verführungskünste und sein Geschick, Frauen sich wie Königinnen fühlen zu lassen. Er war natürlich nicht gerade der Inbegriff von Treue, da er sich nicht darauf beschränkte, seine Dienste nur einer einzigen Königin zur Verfügung zu stellen, sondern sie großzügig verteilte. In der italienischen Kultur wurde der Betrug vonseiten des Mannes jahrhundertelang als «normal» angesehen, selbst von den Frauen, die meinten: «Hauptsache, er kommt zu mir zurück.» Vielleicht zog er aus dieser weiblichen Haltung seine Selbstsicherheit. Ganz egal wie klein, dick oder alt er auch war, er musste es auf jeden Fall «probieren», ganz besonders bei Frauen, die für ihn unerreichbar waren, denn wer weiß, probieren schadet ja nichts …

Allerdings darf man nicht vergessen, dass auch beim Thema «Familie» die Unterschiede innerhalb Italiens groß sind und die gegenwärtige Auffassung von Familie im Süden sehr oft von der im Norden abweicht. Treffen diese aufeinander, kann es schon einmal zu Meinungsverschiedenheiten kommen.

Die Ausländer

Heute sind wir etwa dreißig Personen am Tisch und feiern die goldene Hochzeit der Großeltern, Carmela und Domenico. Alle sind wir gekommen, Kinder und Enkelkinder, die über ganz Italien verstreut sind, darunter meine Familie sowie die nach Amerika emigrierten Mitglieder. Die Tanten hatten längst beschlossen, im Haus auf dem Land zu feiern: «Es ist viel schöner, wenn wir unter uns sind!», hatten sie gemeint und sich fröhlich und voller Energie darangemacht, für den heutigen Tag ein

movente, al grande tavolo siede quasi un secolo di storia a cominciare dalla piccola Lina di due anni fino alla bisnonna di novantanove. Ed eccoci qui, tutti insieme a festeggiare coloro che sono, in un certo qual modo, il punto di partenza di ognuno, « l'origine » di tutto. L'atmosfera è quella ciarliera e affettuosa delle feste in famiglia in cui ci si raccontano i pettegolezzi e le novità sulle vite di chi è lontano.

Regna un'eccitata confusione creata dalle voci e dai discorsi incrociati e sovrapposti, da chi gesticolando fa cadere qualcosa, dai bambini che giocano e urlano e da chi ride rumorosamente. Ma i motivi di confusione non sono finiti: non è facile capire infatti chi parla con chi e di chi.

« Nico, vai a prendere l'acqua? »

Un Nico si alza.

« No, non tu, Nico, Nico il tedesco ».

Infatti nella tavolata, capeggiata da nonna Carmela, per tutti Lina, e da nonno Domenico, per tutti Nico, tra i nipoti si contano altri quattro Nico e altre quattro Lina e come se non bastasse, tra i parenti acquisiti ci sono un Pino, una Nina, due Nino, due Rino e una Pina.

Responsabili di questa confusione sono due usanze diffusissime soprattutto al sud: tramandare il nome dei nonni ai nipoti e familiarizzare i nomi adottandone il diminutivo. Come si fa? È semplice. Si prende il nome, si aggiunge, a seconda se è maschile o femminile -ino o -ina e, dopo un po', del nome nuovo resta l'ultima parte. Per esempio un Michele diventa un Michelino da piccolo e poi, dai e dai per comodità e perché è cresciuto, eccolo trasformarsi in Lino. La stessa sorte può capitare anche a un Paolino, un Nicolino, un Danielino e via discorrendo. Inoltre, spesso per abitudine, certi nomi vengono semplicemente accorciati dando origine per esempio ai

Menü vorzubereiten, das sich sehen lassen konnte! Ein bewegender Anblick, fast ein ganzes Jahrhundert saß um den Tisch, angefangen mit der kleinen zweijährigen Lina bis zur neunundneunzigjährigen Urgroßmutter. Und da sind wir nun, um die zu feiern, von denen wir in gewissem Sinne alle abstammen, «der Ursprung» von allem. In der bei Familienfesten üblichen geschwätzigen und herzlichen Stimmung erzählt man sich den neuesten Klatsch über Leute, die nicht dabei sind.

Es herrscht ein großes Durcheinander von sich kreuzenden und überlagernden Stimmen und Gesprächen, es wird wild gestikuliert, wobei auch mal etwas umfällt, Kinder spielen und lärmen und es wird laut gelacht. Aber nicht nur all das trägt zum verwirrenden Chaos bei, auch ist es nicht immer einfach zu begreifen, wer gerade mit wem und von wem spricht.

«Nico, kannst du mal das Wasser holen?»

Ein Nico steht auf.

«Nein, nicht du!, Nico, Nico der Deutsche!»

Tatsächlich befinden sich außer den Hauptpersonen, Großmutter Carmela, für alle Lina, und Großvater Domenico, für alle Nico, noch vier weitere Nicos und Linas am Tisch. Doch damit nicht genug, unter den Angeheirateten gibt es außerdem einen Pino, eine Nina, zwei Ninos, zwei Rinos und eine Pina.

Verantwortlich für diese Verwirrung sind zwei vor allem im Süden sehr verbreitete Bräuche, nämlich, den Namen der Großeltern an die Enkel zu übertragen und ihn durch ein Diminutiv vertrauter klingen zu lassen. Wie das geht? Ganz einfach. An den Namen wird, je nachdem ob männlich oder weiblich, die Nachsilbe -ino oder -ina angehängt und nach einer Weile bleibt von dem Namen nur noch der letzte Teil übrig. Zum Beispiel wird ein Michele ein Michelino, wenn er klein ist, und dann wird daraus aus Bequemlichkeit und weil er größer geworden ist, nach und nach ein Lino. Dasselbe Schicksal kann auch einen Paolino, einen Nicolino, einen Danielino und so weiter ereilen. Zudem werden gewisse Namen oft aus Gewohnheit einfach

tanti Enzo da Vincenzo, Lorenzo, ai Rino da Severino, Pellegrino. Naturalmente il problema è che in qualche modo tutte queste persone, ridotte da questo meccanismo perverso a chiamarsi nello stesso modo, devono essere poi distinte l'una dall'altra. In questa invenzione linguistica la fantasia degli italiani, notoriamente senza limiti, si sbizzarrisce ulteriormente trovando la specificazione adatta a ognuno. Quindi nella tavolata oggi ci sono: «Nico il piccolo» perché è basso, «Nico il grande» perché è il più anziano tra i cugini, «Nico lo Zombie» perché è sempre pallido e «Nico il tedesco» perché è l'unico ad avere i capelli biondi, soltanto nonno è Nico e basta.

In questa ripetitiva confusione di nomi, solo due si distinguono bene da tutti gli altri: il mio, Loris, e quello di mia sorella gemella, Jessica. E non solo perché non sono nomi ereditati dai nonni, ma anche perché, essendo nomi stranieri quasi per miracolo non sono mai stati storpiati. La storia dei nostri due nomi è ancora un argomento di conversazione delle grandi riunioni di famiglia, ora però ci ridiamo sopra.

Ve la racconto. Quando nascemmo mia sorella e io, mamma e papà si trovarono in difficoltà. Secondo l'usanza, io avrei dovuto chiamarmi Domenico come il mio nonno paterno. Niente di particolarmente tragico, ma mia sorella avrebbe dovuto chiamarsi Antonietta come la mamma di mia madre. Il problema era, ed è, che nelle nostre zone nessuno chiama Antonietta una bambina che si chiama Antonietta. Infatti, per un malvagio scherzo del destino, tutti la chiamano Tetta e la cosa col tempo può diventare davvero imbarazzante.

Quando mamma seppe di aspettare due gemelli uno dei quali era una femminuccia ne parlò a cuore aperto con sua madre che le disse «Non ti preoccupare figlia

abgekürzt, woraus dann zum Beispiel die vielen Enzos aus Vincenzo oder Lorenzo und Rinos aus Severino oder Pellegrino hervorgehen. Natürlich besteht dann das Problem, dass all diese Personen, die durch diesen abartigen Mechanismus alle gleich heißen, sich irgendwie voneinander unterscheiden müssen. Bei den daraus folgenden linguistischen Erfindungen kann sich die bekanntermaßen grenzenlose Fantasie der Italiener nun erneut austoben, indem sie eine für jeden geeignete Bezeichnung findet. Das heißt, es befinden sich heute am Tisch «Nico der Kleine», weil er klein ist, «Nico der Große», weil er der Älteste unter den Vettern ist, «Nico der Zombie», weil er immer blass, und «Nico der Deutsche», weil er der Einzige mit blonden Haaren ist. Nur Großvater ist Nico und basta.

In dieser sich wiederholenden Konfusion von Namen gibt es nur zwei, die sehr gut von den anderen zu unterscheiden sind, nämlich meinen, Loris, und den meiner Zwillingsschwester, Jessica. Und das nicht nur, weil sie nicht von den Großeltern stammen, sondern auch weil es sich um ausländische Namen handelt und diese wie durch ein Wunder nie so verunstaltet wurden. Die Geschichte unser beider Namen ist immer noch Gesprächsthema bei großen Familienfesten und heute lachen wir alle darüber. Ich erzähle sie euch.

Als wir beide geboren wurden, gerieten Mama und Papa in ziemliche Bedrängnis. Nach dem Brauch hätte ich eigentlich Domenico, wie mein Großvater väterlicherseits heißen müssen. Das wäre nicht tragisch gewesen, doch hätte Jessica wie die Mutter meiner Mutter Antonietta heißen sollen. Das Problem war aber, dass in unserer Gegend niemand ein Kind, das Antonietta heißt, Antonietta nennt, denn wie durch einen bösen Streich des Schicksals nennen sie alle «Tetta» (wie Titte) und das kann dann später sehr peinlich werden.

Als meine Mutter erfuhr, dass sie Zwillinge erwartete und eines davon ein kleines Mädchen sein würde, sprach sie offenen Herzens mit ihrer Mutter darüber. «Mach dir keine Gedanken,

mia, il mio nome non piace neanche a me, la cosa importante è che tu mi dia una bella nipotina». E così quando nascemmo mia sorella fu chiamata Jessica. Visto che il nome di mio nonno era già stato abbondantemente onorato con quattro nipoti e che la tradizione era stata infranta per mia sorella, i miei decisero, senza pensarci troppo, di chiamare me Loris.

La felicità iniziale per la nostra nascita fu smorzata quasi subito da una lettera che papà ricevette qualche giorno più tardi, non appena furono resi noti i nostri nomi. Le parole in essa contenute ebbero lo stesso effetto della lama tagliente di un pugnale. In calce c'era la firma dell'autore: Domenico Esposito. Che suo padre si fosse firmato con nome e cognome la diceva lunga sul tono della missiva: nonno Nico disconosceva il figlio che aveva osato dare a me un nome che non fosse il suo.

Per mesi tra padre e figlio calò un silenzio ostile. Da una parte papà che non sapeva come farsi perdonare per una cosa di cui in realtà non si sentiva colpevole, dall'altra nonno Domenico, offesissimo per l'affronto fatto al suo onore.

«Tuo nonno si arrabbiò così tanto che si chiuse nel suo studiolo per quindici giorni e non parlò più con nessuno» mi confidò papà un giorno, raccontando come la cosa fosse peggiorata anche grazie all'intervento di alcuni amici in vena di scherzi. Andò così: mio nonno colpito profondamente dall'«affronto» e convinto di essere stato disonorato, a un certo punto confidò in gran segreto la cocente delusione a un amico. L'amico, a sua volta in gran segreto, confidò la cosa ad altri amici che, giudicando la reazione di Nico assolutamente esagerata, decisero di rompere il «gran segreto» e iniziarono a prendersi gioco di lui.

mein Liebes, mir gefällt mein Name auch nicht. Wichtig ist, dass du mir eine hübsche Enkelin schenkst! » Als wir dann auf die Welt kamen, wurde meine Schwester Jessica genannt. Nachdem der Name meines Großvaters schon ausgiebig mit vier Enkeln geehrt und die Tradition wegen meiner Schwester nun schon gebrochen worden war, beschlossen meine Eltern kurzerhand, mich Loris zu nennen.

Die anfängliche Freude über unsere Geburt erfuhr sofort einen Dämpfer durch einen Brief, den mein Vater ein paar Tage später, kurz nachdem unsere Namen bekannt gegeben worden waren, erhielt. Die darin enthaltenen Worte wirkten auf ihn wie die schneidende Klinge eines Dolches. Der Brief war unterschrieben mit Domenico Esposito. Dass sein Vater mit vollem Namen unterschrieben hatte, sagte bereits alles über die Art des Schreibens. Großvater Nico weigerte sich, meinen Vater weiterhin als seinen Sohn zu betrachten, weil er es gewagt hatte, mir einen anderen Namen als den seinen zu geben.

Monatelang herrschte zwischen Vater und Sohn eisiges Schweigen. Auf der einen Seite Papa, der nicht wusste, wie er sich für eine Sache entschuldigen sollte, für die er sich eigentlich nicht schuldig fühlte, auf der anderen Großvater Domenico, zutiefst gekränkt angesichts der Beleidigung seiner Ehre.

« Dein Großvater hat sich dermaßen geärgert, dass er sich zwei Wochen in sein Zimmer einsperrte und mit keinem mehr sprach », vertraute mein Vater mir eines Tages an und erzählte, wie das Ganze immer schlimmer wurde, auch dank so mancher Freunde, die gerade zum Scherzen aufgelegt waren. Das ging so: Mein wegen dieses « Affronts » tief getroffener Großvater, überzeugt, dass er entehrt worden war, teilte irgendwann einem Freund ganz im Vertrauen seine große Enttäuschung mit. Der Freund wiederum erzählte die Sache, auch er natürlich ganz im Vertrauen, anderen Freunden, die schließlich, weil sie Nicos Reaktion ziemlich übertrieben fanden, beschlossen, « das große Geheimnis » zu lüften und ihn auf den Arm zu nehmen.

«Certo Nico, non ce lo saremmo mai aspettati che proprio il tuo figlio preferito si dimenticasse di avere un padre!» gli dicevano e poi, non paghi, rincaravano la dose con visi fintamente addolorati e dandogli una pacca di incoraggiamento sulle spalle: «Come si fa a fare un affronto del genere al proprio padre!». Il nonno, ben lungi dal capire che si trattava di provocazioni, sentiva bruciare sempre di più la ferita infertagli e la sua rabbia contro papà aumentava. A risolvere la dolorosa faccenda fu la morte di un parente. Papà andò al funerale, lì incontrò il nonno e, senza dirsi una parola, si abbracciarono piangendo.

Oggi la questione è archiviata ma io e Jessica siamo ancora grati ai nostri genitori per non essere confusi con tutti gli altri ...

«Uè, straniero, a cosa stai pensando, torna fra noi!»

La voce di nonno mi riporta alla realtà mentre tutti si girano a guardarmi.

E si ... dimenticavo di dire che una piccola vendetta la famiglia se l'è comunque presa perché, proprio a causa dei nostri nomi, io e Jessica veniamo chiamati «gli stranieri».

La moglie è sempre la moglie

Pasquale era un ometto basso e tarchiato. Si era fatto crescere a dismisura i pochi capelli rimasti in modo da poterli appoggiare sulla pelata dalla nuca alla fronte con un risultato alquanto ridicolo. Aveva due occhietti simpatici e furbi e il sorriso di chi la sa lunga, infatti era molto astuto e poteva vantare un gran fiuto per gli affari. Nato a Caserta, come tanti uomini della sua generazione era emigrato al nord dove, dopo grandi sacrifici, aveva

«Natürlich, hätten wir nie erwartet, Nico, dass ausgerechnet dein Lieblingssohn vergisst, dass er einen Vater hat!», sagten sie, und als wäre das nicht genug, legten sie noch eins drauf, indem sie ihm mit vorgetäuschter Leidensmiene ermutigend auf die Schulter klopften: «Wie kann man den eigenen Vater nur so verletzen!» Der Großvater, weit davon entfernt, die Provokationen zu durchschauen, spürte die Wunde seiner Verletzung immer heftiger brennen und seine Wut gegen Papa wurde immer größer. Zu einem Ende kam die schmerzhafte Geschichte schließlich durch den Tod eines Verwandten. Papa ging zur Beerdigung, dort traf er den Großvater und, ohne ein Wort zu sagen, umarmten sie sich weinend.

Heute ist die Sache ad acta gelegt, aber Jessica und ich sind unseren Eltern immer noch dankbar, dass wir nicht mit all den anderen verwechselt werden.

«He, Ausländer, woran denkst du? Kehr zurück zu uns!»

Die Stimme des Großvaters holt mich wieder in die Realität zurück. Alle drehen sich nach mir um.

Na ja, ich vergaß zu sagen, dass die Familie eine kleine Rache an uns verübt hat. Aufgrund unserer Namen werden Jessica und ich «die Ausländer» genannt.

Ehefrau bleibt Ehefrau

Pasquale war ein kleiner dicklicher Mann. Die ihm verbliebenen drei Haare ließ er lang wachsen, damit er sie vom Nacken über seine Glatze bis zur Stirn legen konnte, was ziemlich albern aussah. Er hatte sympathische, schlaue Äuglein und sein Lächeln deutete an, dass er es faustdick hinter den Ohren hatte. Er war ziemlich gerissen und bei Geschäften besaß er einen langen Atem. In Caserta geboren, war er, wie viele seiner Generation, in den Norden emigriert, wo er es nach großen Opfern zu

avviato un commercio di calzature. A sessant'anni gli venne il desiderio di affacciarsi alla finestra della vita e di andare alla scoperta del mondo. Decise di cercare dei clienti all'estero e per far questo reclutò Linda, laureanda in lingue che aveva il difficile compito di rendere Pasquale comprensibile al mondo e il mondo comprensibile a Pasquale.

« Pasquale, rimetta a posto la mano, per cortesia » esordì Linda il primo giorno di lavoro con aria estremamente scocciata ritornando immediatamente al Lei. Infatti, appena decollato l'aereo per Atene, Pasquale era partito all'attacco. Dopo aver esortato la ragazza a dargli del tu con la scusa che « dobbiamo passare due settimane sempre insieme », si era dato da solo il permesso di appoggiarle la mano sulla coscia.

« Perché Lindù? »

« Perché appena atterriamo io riprendo l'aereo e me ne torno a casa se non tiene le mani a posto. »

« Mamma mia quante storie, ci saremmo potuti divertire. »

« Forse si sarebbe divertito lei, io no di certo » rispose indispettita Linda continuando a leggere la rivista della compagnia aerea. In quel momento capì perché la moglie di Pasquale, una signora giunonica dallo sguardo indulgente, quando li aveva accompagnati all'aeroporto aveva salutato il marito con un « fai il bravo » e a lei aveva raccomandato di « non perderlo d'occhio ». Così il viaggio era cominciato con un tacito accordo tra Linda e la moglie di Pasquale, accordo la cui necessità le si era all'improvviso palesata. Dopo il fallimento di quel suo primo approccio, Pasquale, non essendo riuscito ad averla come amante, decise di fare di lei la propria confidente.

E che cosa ha da confidare un Casanova italiano?

Beginn geschafft hatte, einen Schuhhandel aufzuziehen. Mit sechzig hatte er schließlich den Wunsch, endlich einmal das Leben zu genießen und die Welt zu entdecken. Er beschloss, im Ausland Kunden aufzutun, und engagierte dafür Linda, eine Sprachstudentin, die die schwierige Aufgabe hatte, Pasquale der Welt verständlich zu machen und die Welt Pasquale.

«Pasquale, nehmen Sie bitte Ihre Hand da weg!» Äußerst genervt begann Linda ihren ersten Arbeitstag und ging sofort wieder zum Sie über. Denn kaum hatte das Flugzeug nach Athen abgehoben, schon war Pasquale zum Angriff übergegangen. Nachdem er das junge Mädchen aufgefordert hatte, ihn zu duzen mit der Begründung, dass «wir doch jetzt zwei Wochen immer zusammen sind», hatte er sich gleich gestattet, seine Hand auf ihren Oberschenkel zu legen.

«Warum, Lindù?»

«Weil ich, sobald wir gelandet sind, ein Flugzeug zurück nach Hause nehmen werde, wenn Sie Ihre Hände nicht im Zaum halten.»

«Mamma mia, so ein Theater, wir hätten doch Spaß haben können!»

«Vielleicht hätten Sie Spaß gehabt, ich ganz bestimmt nicht!», entgegnete Linda ungehalten und las weiter in dem Magazin der Fluggesellschaft. Jetzt verstand sie, warum Pasquales Frau, eine gewichtige Signora mit nachsichtigem Blick, ihren Mann am Flughafen mit einem «Sei anständig!» verabschiedet und ihr wiederum ans Herz gelegt hatte: «Lassen Sie ihn nicht aus den Augen!» So hatte die Reise schon mit einem stillschweigenden Einverständnis zwischen Linda und Pasquales Frau begonnen, dessen Notwendigkeit ihr ganz plötzlich klar wurde. Nachdem sein erster Annäherungsversuch gescheitert und es Pasquale nicht gelungen war, sie als Geliebte zu gewinnen, beschloss er, sie zu seiner Vertrauten zu machen.

Und was kann ein italienischer Casanova einem wohl anvertrauen?

Ma le sue scappatelle, ovviamente ! E così le raccontò con orgoglio quanto fosse corteggiato dalle donne e come fosse assolutamente impossibile per un uomo non accontentare due occhi innamorati. E questo anche se è sposato con prole.

« Ma Pasquale, e tua moglie? » chiese Linda con un pizzico di curiosità mista a disappunto.

« Mia moglie non si tocca, lei è la regina della casa, la moglie è sempre la moglie. »

« Ho capito, ma proprio perché è tua moglie non è stato carino da parte tua tradirla con la vicina del piano di sopra mentre era in ospedale a partorire tuo figlio ! »

« Occhio non vede, cuore non duole, Lindù ! E poi non mi sono mai innamorato di un'altra, le altre per me sono solo avventure, non contano niente, appena mi accorgo di essere coinvolto scappo a gambe levate. »

« Ma cosa stai dicendo? »

« Cosa vuoi saperne tu che sei una bambina, o meglio, una suora, visto che non capisci che ci si potrebbe divertire un po'... »

« Ancora ! ! !? Ti ho già detto di nooooo ! » urlò Linda infastidita dal rinnovato assalto.

Il tono era deciso e aggressivo, tanto per chiarire ancora una volta che il suo No era un vero No e tale sarebbe rimasto. Linda conosceva benissimo quel genere di maschi italiani e il loro strano modo di ragionare che li porta a convincersi che quando una donna dice di no intende dire di sì. Sapeva che non mollano mai la « preda », sicuri alla fine di poter conquistare la donna grazie alla loro tenacia e dedizione. Ma questo non era certo il suo caso.

Ad Atene Pasquale e Linda si concentrarono sul lavoro. Una sera alcuni clienti greci, capito un po' il personaggio, decisero di fargli un regalo : portarlo in un night club.

Natürlich seine Seitensprünge! So erzählte er ihr voller Stolz, wie sehr er von den Frauen verehrt würde und dass es für einen Mann einfach unmöglich sei, zwei verliebten Augen nicht nachzugeben. Auch dann, wenn er verheiratet ist und Kinder hat.

«Und deine Frau, Pasquale?», fragte Linda mit Missfallen, aber auch mit einem Quäntchen Neugier.

«Meine Frau fasst keiner an, sie ist die Königin des Hauses, Ehefrau bleibt Ehefrau.»

«Ich verstehe, aber gerade weil sie deine Frau ist, war es nicht nett von dir, sie mit der Nachbarin vom Stockwerk drüber zu betrügen, während sie in der Klinik lag und deinen Sohn gebar!»

«Was ich nicht weiß, macht mich nicht heiß, Lindù! Außerdem habe ich mich noch nie in eine andere verliebt, die anderen sind für mich nur Abenteuer, sie zählen nicht, sobald ich merke, dass es ernst wird, mache ich mich auf und davon.»

«Was soll das denn heißen?»

«Was weißt du denn schon, du bist doch noch ein kleines Mädchen, oder besser noch, eine Nonne, weil du nicht begreifst, dass wir uns nur ein wenig vergnügen wollen ...»

«Schon wieder!!!!? Ich habe doch schon nein gesagt, nein, nein!», schrie Linda, verärgert über die neuerliche Attacke.

Ihr Ton war entschlossen und aggressiv, um noch einmal klarzustellen, dass ihr Nein ein echtes Nein war und sich daran nichts ändern würde. Sie kannte diese Art von italienischen Männern und deren seltsame Denkweise nur zu gut, wonach sie überzeugt sind, dass eine Frau, die Nein sagt, eigentlich Ja meint. Linda wusste, dass solche Männer niemals von ihrer «Beute» lassen würden, weil sie glauben, die Frau mit ihrer Hartnäckigkeit und Hingabe am Ende doch erobern zu können. Aber bei ihr war das gewiss nicht der Fall.

In Athen konzentrierten sich Pasquale und Linda auf ihre Arbeit. Eines Abends beschlossen ein paar griechische Kunden, nachdem sie Pasquale ein wenig einschätzen konnten, ihm ein Geschenk zu machen und ihn in einen Nachtklub zu führen.

« Eh, no bella mia, mica mi puoi lasciare da solo, io non capisco niente di quello che dicono, questa è una cena di lavoro … » disse Pasquale preso dal panico quando Linda gli fece gentilmente presente che non aveva nessuna intenzione di accompagnarlo.

Ma lui, tanto fece e tanto disse che riuscì a convincerla e quella sera Linda si ritrovò, suo malgrado, in macchina con lui e i clienti. Il passo fu molto breve. Linda da confidente era diventata complice. Arrivati a destinazione si accorse che quello che era stato definito night club altro non era che un capannone in periferia. Entrò con aria circospetta e subito si rese conto della situazione paradossale in cui era finita. Era l'unica donna che si trovava, vestita, tra gli uomini davanti al palco, mentre tutte le altre presenti erano nude e ballavano seducenti sopra.

Pasquale era, in maniera del tutto inaspettata, imbarazzatissimo, molto più di Linda che in realtà trovava la cosa divertente. Quando una delle donne scese dal palco e prese a strusciarglisi nuda addosso, diventò rosso come un peperone, guardò Linda di sottecchi e si sentì in dovere di scrollarsi quella tentazione di dosso.

I clienti greci nel frattempo si godevano due spettacoli, quello delle ragazze che si esibivano e quello di un Pasquale che non sapeva che pesci pigliare fra la severità di Linda e le donne nude.

« Andiamocene, Lindù, dì a quelli che me ne voglio andare ! » pregò Pasquale quando l'imbarazzo divenne insopportabile. Ma arrivati all'uscita, non riuscì a trattenersi e con aria volutamente indifferente intimò a Linda sottovoce, « Lindù, chiedi a quella bionda quanto vuole ». Linda, presa da un fortissimo attacco di solidarietà nei confronti della moglie di Pasquale, lo fulminò con lo sguardo, raggelando all'istante i bollenti spiriti che lo animavano. Ritornarono in hotel.

« Oh nein, bella mia, du kannst mich doch nicht alleine lassen, ich versteh doch nicht, was sie sagen, dies ist ein Arbeitsessen », meinte Pasquale voller Panik, als Linda ihm höflich zu verstehen gab, dass sie keinerlei Absicht hatte, ihn zu begleiten.

Er redete so lange auf Linda ein, bis sie schließlich einwilligte und am Ende gegen ihr Vorhaben mit ihm und den Kunden im Auto saß. Da war es nur noch ein kleiner Schritt und Linda, die Vertraute, wurde unversehens zur Komplizin. Am Ziel angelangt, stellte sie fest, dass das, was als Nachtklub bezeichnet worden war, nichts anderes als ein großer Schuppen an der Peripherie war. Sie trat ein, blickte sich misstrauisch um und merkte sofort, in was für eine paradoxe Situation sie geraten war. Sie war die einzige bekleidete Frau unter all den Männern vor der Bühne, auf der alle anderen Frauen nackt und verführerisch tanzten.

Erstaunlicherweise war Pasquale das Ganze schrecklich peinlich, und zwar mehr noch als Linda, die die Sache eigentlich ganz amüsant fand. Als eine der Frauen von der Bühne herabstieg und sich nackt an ihn schmiegte, wurde er rot wie eine Tomate, er blickte Linda verstohlen an und fühlte sich verpflichtet, diese Versuchung abzuschütteln.

Die griechischen Kunden genossen in der Zwischenzeit zwei Shows, eine, in der sich die Mädchen zur Schau stellten, und die andere eines gewissen Pasquale, der zwischen der strengen Linda und den nackten Frauen hin- und hergerissen war.

« Lass uns gehen, Lindù, sag denen, dass ich gehen will ! », flehte Pasquale, als die Peinlichkeit nicht mehr auszuhalten war. Doch am Ausgang angekommen, konnte er nicht anders und forderte Linda mit betont gleichgültiger Miene leise auf : « Lindù, frag die Blonde da, wie viel sie verlangt. » In einem heftigen Anfall von Solidarität gegenüber Pasquales Frau blitzte Linda ihn scharf an, sodass auf der Stelle die heißen Gefühle in ihm gefroren. Sie kehrten ins Hotel zurück.

La mattina dopo non si fece cenno all'accaduto ma quando Pasquale terminò la sua telefonata quotidiana alla moglie con un «anch'io ti amo, ciao ciao amò ...», Linda non poté trattenersi dal chiedergli in tono provocatorio se non si sentisse in colpa per la sera prima. Lui le rispose serafico lisciandosi il riporto:

«In colpa? E perché mai? Non ho fatto proprio niente! Anzi se c'è qualcuno qui che si dovrebbe sentire in colpa sei tu per aver impedito a un povero vecchio di godersi qualche ora di felicità ...».

E aggiunse, guardandola con aria di sfida «Anzi, ora dovresti proprio cercare di rimediare»... E naturalmente Linda dovette spostargli ancora una volta la mano che le aveva posato sulla gamba.

«Vergognati, invece ... ma tua moglie sa come sei?»

«Che domande, mi conosce da una vita! Certo che sa come sono, sa anche che torno sempre da lei, ed è questo l'importante, non tutte quelle sciocchezze come la fedeltà, anzi, questa è fedeltà, il fatto che io torni sempre da lei e che le sia vicino quando ha bisogno di me! Tu, cara la mia suorina, non hai capito proprio niente della vita!»

I giorni seguenti passarono tranquilli, Linda si rilassò convinta che Pasquale avesse capito una volta per tutte. Ma si sbagliava, la sera prima della partenza, dopo cena Pasquale ritornò all'attacco

«Lindù mia, adesso ti dico una cosa molto saggia, ascolta bene ...» le disse con uno sguardo solenne che lei non prese troppo sul serio.

«Sai cosa ti dico?»

Linda lo guardava in attesa.

Finalmente, con la solennità di un prete che recita il Padre Nostro Pasquale parlò:

Am nächsten Morgen wurde der Vorfall mit keinem Wort erwähnt, doch als Pasquale seinen täglichen Anruf bei seiner Frau mit einem « Auch ich liebe dich, ciao ciao, mein Liebes ... » beendete, konnte Linda nicht an sich halten und fragte ihn in provozierendem Ton, ob er denn keine Schuldgefühle habe wegen des letzten Abends. Über seine drei Haare am Kopf streichend, antwortete er seelenruhig:

« Schuldgefühle? Wofür denn? Ich habe doch absolut nichts gemacht! Im Gegenteil, wenn hier jemand Schuldgefühle haben sollte, dann bist du das, weil du verhindert hast, dass ein armer alter Mann ein paar Stunden Glückseligkeit genießen kann ... ! »

Mit herausfordernder Miene fügte er hinzu: « Vielmehr solltest du versuchen, das jetzt wiedergutzumachen! » Unnötig zu erwähnen, dass Linda nun wieder seine Hand von ihrem Bein entfernen musste.

« Du solltest dich lieber schämen! Weiß deine Frau überhaupt, was für einer du bist? »

« Was für eine Frage! Sie kennt mich ein ganzes Leben lang! Natürlich weiß sie, was für einer ich bin, sie weiß auch, dass ich immer zu ihr zurückkommen werde, und das ist das Wichtigste, nicht dieser ganze Quatsch um die Treue, im Gegenteil, Treue ist es, wenn ich immer zu ihr zurückkehre und bei ihr bin, wenn sie mich braucht! Du, meine kleine Nonne, hast vom Leben wirklich keine Ahnung! »

Die folgenden Tage verliefen ruhig, Linda entspannte sich, überzeugt, dass Pasquale es nun ein für alle Mal begriffen hatte. Aber sie täuschte sich. Am Abend vor der Abreise, nach dem Essen, griff Pasquale erneut an:

« Lindù, jetzt sage ich dir etwas sehr Weises, hör gut zu! » Mit feierlicher Miene, die sie nicht besonders ernst nahm, begann er:

« Weißt du, was ich dir sage? »

Linda sah ihn erwartungsvoll an.

Mit der Feierlichkeit eines Priesters, der das « Vaterunser » betet, meinte er schließlich:

« Se mi concedi una notte d'amore vedrai, ti insegnerò tutto quello che non sai e non potrai più rinunciare a me ! »

Linda guardò il piccolo uomo tarchiato, con il suo riporto unto nel suo estremo, patetico tentativo di farle cambiare idea e scoppiò a ridere pensando che era proprio la sua incomprensibile autostima a renderlo un personaggio per quanto assurdo simpatico.

Da parte sua Pasquale, da vecchio Dongiovanni incallito qual era, non si perse d'animo perché la sua filosofia era che fallita una caccia bisognava già prepararsi per la successiva e così, quando la riaccompagnò a casa alla fine del viaggio e vide la mamma di Linda, salutò la ragazza dicendole : « Lindù mia, che bella mamma che hai ! Che belle gambe ! Che dici, la posso invitare a cena ? »

«Terroni» e «Polentoni»

La famiglia Noseda, lombarda, composta da Caterina, Alberto e la figlia Paola, e la famiglia Di Salvo, siciliana, composta da Rosalia, Calogero e la figlia Tina si conobbero a Cinisello Balsamo, in Lombardia, perché le figlie erano nella stessa classe.

Iniziarono le donne e le bambine a frequentarsi, però ben presto l'amicizia coinvolse tutta la famiglia e Rosalia e Calogero vennero sempre più spesso invitati alle cene a casa di Caterina e Alberto. Cene in cui erano gli unici meridionali e in cui si parlava spesso di « terroni », anche se ogni volta veniva precisato che non ci si riferiva a loro, cosa a cui Rosalia e Calogero pare-

« Wenn du mir eine Liebesnacht gewährst, bringe ich dir alles bei, was du nicht kennst, und du wirst nicht mehr auf mich verzichten können ! »

Sie sah den kleinen dicklichen Mann an, mit seinen drei über die Glatze gelegten fettigen Haaren, in seinem theatralischen Bemühen, sie doch noch einmal rumzukriegen, und fing an zu lachen und dachte, dass es gerade diese unglaubliche Selbstüberschätzung war, die ihn auf absurde Weise doch irgendwie sympathisch machte.

Pasquale seinerseits, alter, abgehärteter Don Giovanni, der er war, gab nicht auf, denn war sein Beutezug einmal misslungen, so war es seine Philosophie, dass man sich eben auf den nächsten Versuch vorbereiten musste. Als er Linda am Ende der Reise nach Hause brachte und ihre Mutter sah, verabschiedete er sich von dem Mädchen mit den Worten : « Meine Lindù, was für eine schöne Mutter du hast ! Was für tolle Beine ! Meinst du, ich kann sie mal zum Abendessen einladen ? »

«Terroni» und «Polentoni»

Kennengelernt haben sich die lombardische Familie Noseda, die Eltern Caterina und Alberto mit Tochter Paola, und die sizilianische Familie Di Salvo, die Eltern Rosalia und Calogero mit Tochter Tina, in Cinisello Balsamo in der Lombardei, weil die Töchter in dieselbe Klasse gingen.

Am Anfang trafen sich die Frauen und Kinder, doch bald waren die beiden Familien befreundet und Rosalia und Calogero wurden von Caterina und Alberto öfter zum Abendessen eingeladen. Es waren Abendessen, bei denen sie die Einzigen aus dem Süden waren und bei denen man oft von « terroni » (« primitiven Bauern » als abfällige Bezeichnung für die Menschen aus Süditalien) sprach, auch wenn jedes Mal betont wurde, dass

vano credere. I Noseda e i loro amici raccontavano, per esempio, del viaggio a Napoli dove erano stati scippati o dei vicini di casa « terroni » che stendevano i panni sul balcone e la coppia siciliana, appagata dalla propria presunta integrazione, scuoteva la testa in segno di disapprovazione.

« Ieri quella terrona della vicina è venuta due volte a suonare alla porta perché voleva prima del prezzemolo e poi delle uova, ma perché non se li compra? » raccontò un giorno una degli ospiti dei Noseda.

« Te ghet resun », la confortò subito in dialetto un'altra sostenendo, appunto, che aveva ragione, che lei, da parte sua, non li salutava proprio quei tipi lì, così non venivano a disturbare.

I Di Salvo ascoltavano impassibili ma dentro di loro si chiedevano: « Cosa c'è di male nel ricorrere al vicino quando ti manca qualcosa? Siamo pur tutti esseri umani, no? » Anche loro lo facevano, al sud è una cosa normale, ma col tempo lì, al nord, avevano perso l'abitudine. Non osavano ribattere però, e rimanevano zitti con un sorriso ebete di circostanza disegnato sul viso, quasi fosse una maschera secondo loro necessaria nei rapporti con le persone del nord e, quindi, che indossavano praticamente sempre quand'erano fuori dalle mura domestiche.

Quella volta del prezzemolo e delle uova intervenne la piccola Tina col suo tono infantile e impertinente.

« La mia nonna siciliana dice sempre che bisogna aiutarsi perché anche la regina ebbe bisogno della vicina ».

« Tina! » la rimbeccò severa Rosalia, ma tutti risero e dopo un po' si cambiò discorso.

Gli amici di Caterina parlavano spesso nel loro dialetto che Rosalia e Calogero non capivano molto,

damit nicht sie gemeint waren, was Rosalia und Calogero zu glauben schienen. Nosedas und ihre Freunde erzählten zum Beispiel von ihrer Reise nach Neapel, wo ihnen die Handtasche entrissen wurde, oder von den « Terroni »-Nachbarn, die die Wäsche auf dem Balkon aufhängten, und zufrieden über ihre vermeintliche Integration schüttelte das sizilianische Ehepaar missfällig den Kopf.

« Gestern hat doch diese ‹ Terrona › von Nachbarin zweimal bei uns geklingelt, zuerst wollte sie Petersilie und dann Eier, warum kauft sie die nicht selber ? », erzählte eines Tages eine von Nosedas Gästen.

« Du hast recht », pflichtete ihr sofort eine andere in Dialekt bei und meinte, dass sie diese Typen gar nicht erst grüßte, dann würden sie einen auch nicht stören.

Di Salvos hörten ungerührt zu, aber innerlich fragten sie sich : « Was ist denn so schlimm daran, wenn man zum Nachbarn geht, wenn einem etwas fehlt? Wir sind doch alle Menschen, oder? » Auch sie kannten es so, im Süden war das ganz normal, doch mit der Zeit, hier im Norden, taten sie es immer weniger und hatten diese Gewohnheit schließlich ganz aufgegeben. Sie wagten jedoch nicht zu widersprechen, schwiegen mit einem höflichen Lächeln auf den Lippen, als bräuchten sie eine Maske im Umgang mit den Leuten aus dem Norden, sie setzten sie sozusagen immer auf, wenn sie sich außerhalb ihrer vier Wände aufhielten.

Als von der Petersilie und den Eiern die Rede war, schritt die kleine Tina ein und meinte mit ihrer kindlichen Stimme vorlaut :

« Meine Oma in Sizilien sagt immer, dass man sich gegenseitig helfen muss, denn auch die Königin benötigt Hilfe von ihrer Nachbarin. »

« Tina ! », ermahnte Rosalia sie, aber alle lachten und nach einer Weile wechselte man das Thema.

Caterinas Freunde sprachen oft in ihrem Dialekt, den Rosalia und Calogero kaum verstanden, trotzdem lachten die beiden bei

ma i due ridevano lo stesso alle battute sui meridionali che venivano raccontate come se loro non fossero tali. Una volta però un bambino, figlio di certi amici, disse «Papà ha detto che anche voi siete terroni ma che non bisogna dirvelo», mettendo gli adulti in un grande imbarazzo da cui il padre cercò goffamente di uscire rimproverando il figlio. Ogni tanto Calogero, nei momenti di lucidità, si arrabbiava e gli veniva voglia di dire a tutti quelli lì «Ma chi vi credete di essere per giudicare, non lo sapete quanta storia abbiamo noi alle spalle? Voi siete solo dei barbari, sì, dei barbari polentoni ...». Però alla fine non diceva niente, si adombrava soltanto un po'. Invece Rosalia era bravissima, manteneva quella maschera di superiorità, quella con il sorriso di circostanza, convinta di non avere una grande alternativa perché, come diceva spesso in casa, «da meridionale al nord o fai il superiore o scappi».

Comunque l'amicizia tra le due famiglie, nonostante tutto, sembrava procedere bene. Così bene che i Di Salvo decisero di invitare i Noseda in vacanza a Trapani a casa dei genitori di Rosalia.

«Sarebbero contenti di ospitarvi ...» disse Rosalia di tutto cuore a Caterina che, siccome non si sarebbe mai permessa di invitare gente a casa dei suoi genitori, trovava la cosa un po' strana. «Lo sai come sono i terroni, – disse Caterina a suo marito – sono generosi, e se diciamo di no si offendono e sarebbe un peccato, sono dei buoni amici!».

I Noseda decisero quindi di accettare l'invito. Successe però che nelle due settimane di convivenza le famiglie incapparono in una sorta di conflitto culturale a cui nessuno era preparato. Rosalia e Calogero si proponevano aperti e generosi fino all'invadenza, mentre Caterina e Alberto erano molto chiusi, discreti e parsimoniosi fino alla tirchieria.

den Witzen über die Süditaliener, die erzählt wurden, als seien sie keine. Einmal sagte jedoch ein Kind, der Sohn von Freunden: « Papa hat gesagt, dass ihr auch ‹ Terroni › seid, aber dass man euch das nicht sagen darf », was den Erwachsenen sehr peinlich war. Der Vater versuchte ungeschickt, die Situation zu retten, indem er mit seinem Sohn schimpfte. Ab und zu, in klaren Momenten, ärgerte sich Calogero sehr, und er hätte am liebsten zu allen gesagt: « Aber was glaubt ihr eigentlich, wer ihr seid, dass ihr urteilt, ihr wisst doch gar nicht, wie viel Geschichte unsereiner auf den Schultern trägt? Ihr seid doch nur Barbaren, jawohl, barbarische ‹ Polentoni ›, Polentafresser! » Doch dann sagte er wieder nichts, nur seine Miene verfinsterte sich etwas. Rosalia hingegen hielt sich gut mit ihrer selbstbewussten Maske, ihrem den Umständen angepassten Lächeln, überzeugt, dass sie keine große Alternative hatte. Zu Hause sagte sie oft: « Als Süditaliener im Norden spielst du entweder den Überlegenen oder du verschwindest. »

Die Freundschaft zwischen den beiden Familien schien trotz allem zu gedeihen. So gut, dass Di Salvos eines Tages beschlossen, Nosedas in den Ferien in das Haus von Rosalias Eltern nach Trapani einzuladen.

« Sie würden euch gern zu Gast haben! », sagte Rosalia aus vollem Herzen zu Caterina, die das Ganze etwas seltsam fand, da sie es sich nie erlaubt hätte, jemanden in das Haus ihrer Eltern einzuladen. « Na ja, du weißt doch, wie die ‹ Terroni › sind », meinte Caterina zu ihrem Mann, « sie sind großzügig, und wenn wir Nein sagen, sind sie beleidigt, und das wäre schade, schließlich sind sie gute Freunde! »

Nosedas nahmen also die Einladung an. Doch in den beiden Wochen des Zusammenlebens gerieten die Familien regelrecht in eine Art Kulturkonflikt, womit niemand gerechnet hatte. Rosalia und Calogero waren offen und großzügig, ja fast aufdringlich, während Caterina und Alberto sehr verschlossen, diskret und sparsam bis knauserig waren. Unter der Sonne und

E così gli aspetti inconciliabili di entrambe le famiglie, che la nebbia di Cinisello aveva nascosto per anni, sotto il sole e l'aria tersa di Sicilia vennero alla luce nitidi più che mai.

A Trapani i mercati traboccano di ogni ben di Dio, di meravigliose frutta e verdura nate da un sole e un clima generosi. A Calogero brillavano gli occhi quando mostrava alla famiglia Noseda il mercato.

« Guardate che meraviglia ! », diceva col petto gonfio d'orgoglio indicando fichi, albicocche, nespole e ciliegie. Era da sempre un'abitudine dei Di Salvo, quando tornavano in Sicilia, tuffarsi in quel paradiso e comprare la frutta più colorata, paffuta e gustosa che offriva la stagione. Molta di quella frutta arrivava anche nei mercati del Nord ma lì era molto costosa. A casa loro non c'era mai stata abbondanza di denaro, ma quella frutta non costava più di quella sbiadita, striminzita e insapore che si potevano permettere a Cinisello.

Con i Noseda avevano deciso che le famiglie avrebbero fatto la spesa a giorni alterni.

Caterina e suo marito, abituati a risparmiare su tutto, invece di spendere la stessa cifra che spendevano a Cinisello, però per della frutta di qualità ben superiore, compravano per quattro soldi la frutta di seconda qualità al mercato di Trapani.

Così, quando la spesa la facevano i Di Salvo, sulla tavola c'erano deliziose pesche e prugne che si dovevano tenere con due mani da grosse che erano, mentre invece, quando era il turno dei Noseda, pesche ammaccate, prugne poco succose e dalla buccia dura.

Rosalia non riusciva a capire perché si comportassero così. « Come fanno a essere così tirchi, per la casa non pagano niente visto che sono ospiti », si lamentava con il marito, ma anche Calogero non aveva una risposta. La cosa più strana ai loro occhi era che quando Caterina,

der klaren Luft Siziliens trat alles, was zwischen den Familien unvereinbar und bislang im Nebel von Cinisello verborgen war, deutlich zutage.

In Trapani quollen die Märkte nur so über von den Gaben der Natur, wunderbarem, in der Sonne und dem hervorragenden günstigen Klima gereiftem Obst und Gemüse. Calogeros Augen glänzten, als er Familie Noseda den Markt zeigte.

« Seht, wie wunderschön ! » Mit stolzgeschwellter Brust deutete er auf Feigen, Aprikosen, Mispeln und Kirschen. Di Salvos hatten von jeher die Gewohnheit, wenn sie wieder nach Sizilien kamen, als Erstes in dieses Paradies einzutauchen, um die farbigsten, pausbäckigsten und geschmackvollsten Früchte, die diese Jahreszeit bot, einzukaufen. Viele davon gelangten auf die Märkte im Norden, aber sie waren teuer. Sie hatten nie viel Geld, aber diese Früchte kosteten hier nicht viel mehr als die farblosen, kümmerlichen und geschmacklosen, die sie sich in Cinisello leisten konnten.

Sie hatten mit den Nosedas vereinbart, dass die Familien abwechselnd zum Einkaufen gingen.

Caterina und ihr Mann hatten die Gewohnheit, bei allem zu sparen, und so gaben sie für diese Früchte bester Qualität nicht etwa die gleiche Summe aus, die sie in Cinisello ausgaben, sondern kauften auf dem Markt in Trapani für ein paar Cent Früchte minderer Qualität, sozusagen Ausschussware.

So kam es, dass auf dem Tisch köstliche, saftige Pfirsiche standen und Pflaumen, so groß, dass man sie mit beiden Händen halten musste, wenn Di Salvos die Einkäufe machten, während an dem Tag, an dem Nosedas dran waren, es Pfirsiche mit Macken und wenig saftige Pflaumen mit harter Schale gab.

Rosalia verstand nicht, warum sie sich so verhielten. « Wie können die nur so knickerig sein, sie zahlen doch nichts fürs Haus, sie sind schließlich eingeladen », beschwerte sie sich bei ihrem Mann, aber auch Calogero hatte keine Antwort. Am seltsamsten fanden sie, dass Caterina, Alberto und Paola vom

Alberto e Paola tornavano dal mercato avevano l'aria soddisfatta di chi aveva fatto un vero affare.

Le incomprensioni erano però da entrambe le parti. Fin dall'inizio la famiglia Noseda si mostrò perplessa davanti alla folla di parenti dei Di Salvo venuti ad accoglierli. Tutti, per essere gentili e per farli sentire a proprio agio, li abbracciarono, gli diedero pacche sulle spalle, li coinvolsero in cento discorsi e gli fecero cento domande. Questa accoglienza esagerata mise in difficoltà i Noseda che, da un lato capivano poco il dialetto, e dall'altro non erano abituati a dare troppa confidenza a degli estranei come è tipico di una famiglia settentrionale.

Lo stesso imbarazzo si ripeteva ogni giorno a tavola quando Donna Santuzza, la mamma di Rosalia, sosteneva che Paola era « Cussì sciupata e sinza pititto », così magra e senza appetito che bisognava farla tornare al nord assolutamente « bedda e sana ».

« Mancia bedda mia » diceva riempiendo il piatto della ragazza in continuazione e, se Paola esitava intimidita, insisteva con sguardo minaccioso « Chi fa? Nun ti piace? ». « Mamma smettila » le intimava Rosalia vedendo il grande imbarazzo degli ospiti.

« Fatti i fatti tuoi, guarda come mangia con gusto la figgiuzza, mica la vuoi fare morire di fame! » la rimbeccava la madre. Tina ridacchiava e se la godeva in questi casi perché, sia lei che Rosalia, una soluzione all'insistenza della nonna sul mangiare l'avevano trovata: dicevano di sì, ma appena la vecchia si distraeva, svuotavano il piatto in quello di Calogero a cui Donna Santuzza non serviva un piatto abbondante perché non voleva che il suo unico genero « morisse di grasso e di pressione alta ».

Anche in spiaggia, piccoli screzi avevano cominciato a rovinare l'atmosfera. L'ombrellone era dei Di Salvo,

Markt immer so zufrieden zurückkehrten, wie jemand, der ein gutes Geschäft gemacht hatte.

Unverständnis gab es aber auf beiden Seiten. Schon am Anfang war Familie Noseda völlig überrumpelt von den vielen Verwandten der Di Salvos, die zu ihrem Empfang gekommen waren und sie, um freundlich zu sein und damit sie sich wohlfühlten, umarmten und ihnen auf die Schulter klopften, sie in hundert Gespräche verwickelten und ihnen hundert Fragen stellten.

Dieser übertriebene Empfang bereitete den Nosedas beträchtliche Schwierigkeiten, da sie einerseits den Dialekt kaum verstanden und auf der anderen Seite es nicht gewöhnt waren, mit Fremden so vertraulich zu sein, wie es für eine Familie aus dem Norden eben typisch war.

Die gleiche Verlegenheit wiederholte sich jeden Tag bei Tisch, wenn Donna Santuzza, Rosalias Mama, in ihrem Dialekt behauptete, dass Paola so mager und ohne Appetit sei, dass man sie nach Hause in den Norden absolut « dick und gesund » schicken müsse.

« Iss, meine Hübsche », sagte sie und füllte ständig ihren Teller wieder auf, und wenn Paola eingeschüchtert zögerte, insistierte sie mit drohendem Blick. « Was ist los? Schmeckt es dir nicht? » « Mama, lass das! », forderte Rosalia sie auf, als sie die große Verlegenheit der Gäste sah.

« Kümmere du dich um deine eigenen Sachen, sieh doch, mit welchem Appetit die Kleine isst! Du willst doch nicht, dass sie verhungert! », entgegnete die Mutter.

Tina kicherte und genoss es, denn sowohl sie als auch Rosalia hatten eine Lösung gegen die Hartnäckigkeit der Großmutter beim Essen gefunden: Sie stimmten zu, doch sobald die Alte wegsah, luden sie alles auf Calogeros Teller, dem Donna Santuzza immer recht wenig auftat, weil sie nicht wollte, dass ihr einziger Schwiegersohn « an Fett und Bluthochdruck stirbt ».

Auch am Strand begannen Sticheleien die Stimmung zu verderben. Der Sonnenschirm gehörte Di Salvos, aber wenn man in

ma in Italia, specie al sud, quando si affitta un ombrellone in uno stabilimento balneare si dà per scontato che verrà utilizzato anche da tutti i parenti. L'invadente gentilezza, l'insistente generosità nell'offrire pizzette e arancini, il chiasso e il continuo via vai avevano trasformato la vacanza dei Noseda in un autentico incubo. Un giorno Tina prese per sbaglio l'asciugamano di Paola che iniziò a urlare « Che schifo, ridammelo subito ! ». Tina si offese, visto che era abituata a scambiarsi perfino i costumi con le amiche, ma anche Rosalia si risentì e sbottò seccata « Guarda che mia figlia non ha la lebbra ! ». Al che Caterina rispose chiamando in causa le insistenze sul cibo di Donna Santuzza e, approfittando dell'occasione per sputare il rospo che aveva in gola, disse : « Cosa crede tua madre, che non do abbastanza da mangiare a mia figlia ? Ma come si permette, me la sta trasformando in un maialino ! » E, senza fermarsi, aggiunse con cattiveria : « E poi, avrete anche la frutta buona, ma le strade sembrano dei porcili, non lo sapete che esistono i cestini della spazzatura ? Questa puzza di pizzette, questo baccano continuo dei vostri parenti non li sopporto più ! ».

La convivenza si era fatta molto difficile, ma fortunatamente le vacanze stavano per finire e pochi giorni dopo tutti ritornarono a casa, a Cinisello.

Non si parlò delle tensioni che si erano create a Trapani. In entrambe le famiglie covava la delusione e il nervosismo, ma nessuno ebbe l'ardire di discuterne. Fatto sta che una settimana dopo i Di Salvo ricevettero a casa una teiera d'argento e un bigliettino con cui i Noseda li ringraziavano per le vacanze passate insieme. Rosalia si offese a morte per il regalo ricevuto : « L'amicizia non ha bisogno di regali, cosa pensano, che non ci possiamo permettere una teiera ? », e quindi reagì con il suo naturale orgoglio « terrone » e la rispedì al mittente.

Italien, vor allem im Süden, in einer Badeanstalt einen Sonnenschirm mietet, ist es selbst verständlich, dass er von der ganzen Verwandtschaft genutzt wird. Die überschwängliche Freundlichkeit und die beharrliche Großzügigkeit, mit der immer wieder Pizzastückchen und Reisbällchen angeboten wurden, der Lärm und das ständige Kommen und Gehen hatten die Ferien für die Nosedas in einen echten Albtraum verwandelt. Einmal nahm Tina aus Versehen Paolas Handtuch, die gleich zu schreien anfing: « Ih ! ! Wie eklig ! Gib sofort mein Handtuch her ! » Tina war gekränkt, denn sie war es gewohnt, selbst den Badeanzug mit den Freundinnen zu tauschen, aber auch Rosalia war gereizt und platzte ärgerlich heraus: « Hör zu, meine Tochter hat nicht die Lepra ! » Worauf Caterina die Hartnäckigkeit beim Essen von Donna Santuzza auf den Plan rief und sogleich die Gelegenheit nutzte, diese Kröte in ihrem Hals auszuspucken: « Was glaubt deine Mutter eigentlich? Dass ich meiner Tochter nicht genug zu essen gebe? Wie kann sie sich das erlauben, sie macht mir ja ein kleines Schwein aus ihr ! » Und ohne innezuhalten, fügte sie noch gehässig hinzu: « Außerdem, ihr habt zwar schönes Obst, aber auf den Straßen sieht es aus wie im Schweinestall, kennt ihr keine Abfalleimer? Und diesen Pizzagestank, diesen ständigen Lärm von euren Verwandten ertrage ich nicht mehr ! »

Das Zusammenleben war äußerst schwierig geworden, aber glücklicherweise neigten sich die Ferien dem Ende zu und nach ein paar Tagen fuhren sie alle wieder nach Hause nach Cinisello.

Über die Spannungen in Trapani wurde nicht gesprochen. Beide Familien waren enttäuscht und gereizt, aber keiner hatte den Mut, es anzusprechen. Stattdessen erhielten Di Salvos zu Hause eine silberne Teekanne mit einem Kärtchen, auf dem Nosedas ihnen für die gemeinsam verbrachten Ferien dankten. Rosalia war über das Geschenk zu Tode beleidigt: « Eine Freundschaft bedarf keiner Geschenke, denken die vielleicht, dass wir uns keine Teekanne leisten können? » Sie reagierte mit dem natürlichen Stolz einer « Terrona » und schickte sie an den Absender zurück.

Con questo gesto la famiglia Di Salvo considerò troncato ogni rapporto con la famiglia Noseda. Tina era molto triste della cosa, ma Rosalia e Calogero si sentirono più leggeri: non dovevano più indossare nessuna maschera di superiorità obbligata e il sorriso ebete di circostanza, visto che non avrebbero più avuto nulla a che vedere con quella famiglia di polentoni.

Damit betrachtete Familie Di Salvo jede Art von Verbindung mit Familie Noseda als beendet. Tina war sehr traurig darüber, aber Rosalia und Calogero waren erleichtert, sie brauchten keine Maske zwanghafter Überlegenheit mehr aufzusetzen und kein den Umständen entsprechendes höfliches Lächeln, da sie nun nichts mehr mit dieser Familie von «Polentoni» zu tun haben würden.

Sapore di sale

L'Italia è circondata per tre quarti della sua estensione dal mare. Da sempre la sua particolare posizione geografica le ha conferito un ruolo fondamentale nell'ambito dei contatti commerciali del Mediterraneo, determinando così la vita e l'intraprendenza dei suoi abitanti. La lista dei grandi navigatori italiani è lunga: da Cristoforo Colombo e Amerigo Vespucci ai fratelli Caboto, ad Andrea Corsali fino ad arrivare nel nostro tempo ad Ambrogio Fogar, moderno velista transoceanico, e tanti altri ancora.

Ma non sono stati solo i grandi navigatori con le loro scoperte a scrivere la storia, bensì una miriade di marinai che abbandonavano tutto per sfidare il mare. Infatti, nell'Italia costiera di un tempo, la maggioranza degli uomini si «imbarcava» e il mare sfamava sì le famiglie, ma spesso le divideva per anni. Se gli uomini andavano alla ventura, le donne invece rimanevano sole, in attesa, gravate dall'enorme responsabilità di allevare i figli, di provvedere loro con le poche risorse a disposizione. Tutto questo con la continua incertezza nei confronti del marito che poteva non tornare mai più o tornare e rivelarsi un estraneo.

Mare però oggi per gli italiani è sinonimo di divertimento, di estate e, soprattutto, di abbronzatura. Ogni anno, puntualmente, ai primi raggi del sole d'estate tutti si riversano sulle spiagge. Le coste di tutto lo stivale aprono i loro stabilimenti balneari, le spiagge si riempiono di ombrelloni e lettini, ma soprattutto di persone che, in barba a tutti gli avvertimenti dei medici, si accalcano nelle ore di punta sotto il sole a picco. Pensandosi immuni alle scottature e per ottenere la tanta agognata abbronzatura sono disposte davvero a tutto.

Der Geschmack von Salz

Italien ist zu drei Vierteln von Meer umgeben. Aufgrund seiner besonderen geografischen Lage spielte das Land von jeher eine bedeutende Rolle in den Handelsbeziehungen im Mittelmeerraum und prägte damit das Leben und den Unternehmergeist seiner Bewohner. Die Liste der großen italienischen Seefahrer ist lang und reicht von Cristoforo Colombo und Amerigo Vespucci bis zu den Brüdern Caboto, Andrea Corsali und gegenwärtig Ambrogio Fogar, einem modernen Transatlantiksegler, und noch vielen anderen.

Aber es sind nicht nur die großen Seefahrer, die mit ihren Entdeckungen Geschichte geschrieben haben, sondern auch Abertausende von kleinen Seeleuten, die alles aufgaben, um dem Meer zu trotzen. In früheren Zeiten gingen tatsächlich die meisten der an den Küsten Italiens lebenden Männer «aufs Meer». Das Meer ernährte zwar die Familien, trennte sie jedoch oft über Jahre. Wenn die Männer auf der Suche nach dem Glück waren, blieben die Frauen zurück und warteten, allein mit der riesigen Verantwortung für die Kinder, die sie aufziehen und mit geringen Mitteln ernähren mussten. Hinzu kam die große Unsicherheit, ob der Mann überhaupt je zurückkehren und dann vielleicht ein Fremder sein würde.

Für die Italiener von heute bedeutet Meer Unterhaltung, Sommer und ganz besonders Sonnenbräune. Pünktlich jedes Jahr begeben sie sich bei den ersten Sonnenstrahlen des Sommers an die Strände. An den Küsten des gesamten Stiefels öffnen die Badeanstalten, die Strände füllen sich mit Sonnenschirmen und Liegen, vor allem aber mit Menschen, die sich allen ärztlichen Warnungen zum Trotz in den heißesten Stunden unter der stechenden Sonne zusammendrängen; sie halten sich für immun gegen Verbrennungen und sind für die ersehnte Sonnenbräune zu allem bereit.

Tony era un lupo di mare. In realtà il suo vero nome era Tonino, ma tutti lo chiamavano Tony: la sua ipsilon se l'era conquistata facendo del mondo la propria casa.

Da quando era tornato stabilmente in terraferma gli piaceva raccontare ad amici e parenti le avventure della sua vita, affascinarli con storie sull'Africa, l'Alaska, l'Asia e su tutti i luoghi toccati nel corso delle sue rotte. Aveva girato quasi tutto il globo e i suoi racconti facevano viaggiare, almeno con la fantasia, anche chi non si era mai mosso da Termoli, il paese in cui era nato.

Certo è che la vita da lupo di mare non era stata facile. Quell'uomo dagli occhi color dell'oceano in cui era scritto il destino, si era cimentato nei lavori più svariati. A tredici anni faceva il mozzo sulla barca di famiglia, poi aveva lavorato come motorista di navi qua e là, e ancora come scaricatore di banane in Africa, come cuoco sulle imbarcazioni per la pesca dei salmoni in Alaska e aveva fatto mille altre esperienze.

I racconti di Tony erano particolari, colorati, un po' confusi, talvolta sentimentali e sempre esagerati. Nei luoghi che descriveva c'era un mare non blu, ma più blu, i pesci pescati non erano grandi, ma più grandi e le donne incontrate, davvero tante perché in ogni porto ne aveva una diversa, non erano belle, ma più belle. Insomma, Tony raccontava solo ciò che faceva sognare, mentre le cose brutte della vita le risparmiava agli ascoltatori e probabilmente anche a se stesso. Non parlava dei turni massacranti e del caldo soffocante nella sala macchine, delle mani martoriate dal trasporto delle banane, delle labbra arse dal sole e degli occhi bruciati dal riverbero della luce sul mare. Soprattutto, si guardava bene dal

Tony war ein Seewolf. Sein Name war eigentlich Tonino, aber alle nannten ihn Tony. Das y hatte er sich zugelegt, weil die Welt sein Zuhause war.

Seitdem er endgültig an Land zurückgekehrt war, liebte er es, Freunden und Verwandten von den Abenteuern seines Lebens zu erzählen und sie mit Geschichten über Afrika, Alaska, über Asien und sämtliche auf seinen Routen liegenden Orte zu begeistern. Er hatte fast den ganzen Globus bereist und seine Erzählungen ließen einen, zumindest in der Fantasie, selbst auf Reisen gehen, auch wenn man sich noch nie von Termoli, dem Ort, wo man geboren war, wegbewegt hatte.

Das Leben als Seewolf war bestimmt nicht leicht gewesen. Der Mann mit den Augen in der Farbe des Ozeans, in die sein ganzes Schicksal geschrieben stand, hatte sich in den verschiedensten Arbeiten versucht. Mit dreizehn war er Schiffsjunge auf dem Boot der Familie. Dann hatte er hier und da als Schiffsmechaniker gearbeitet, außerdem als Entlader von Bananen in Afrika, als Koch auf Lachskuttern in Alaska und hatte tausend andere Erfahrungen gesammelt.

Tonys Erzählungen hatten etwas Besonderes, sie waren farbig und ein bisschen konfus, bisweilen sentimental und immer übertrieben. Das Meer an den Orten, die er beschrieb, war nicht blau, sondern besonders blau, die Fische, die er gefangen hatte, nicht groß, sondern besonders groß, und die Frauen, denen er begegnete – wirklich sehr vielen, da er an jedem Hafen eine andere Braut hatte –, waren nicht schön, sondern ganz besonders schön. Letztendlich erzählte Tony nur von Dingen, die einen träumen ließen. Die schlimmen Erlebnisse in seinem Leben ersparte er den Zuhörern und wahrscheinschlich auch sich selbst. Über die mörderischen Schichten und die brutale Hitze im Maschinenraum, über die vom Bananentransport geschundenen Hände, die von der Sonne ausgetrockneten Lippen und die Au-

nominare la straziante nostalgia per la sua terra e i suoi cari che spesso gli aveva spezzato il cuore. Affascinava invece i suoi ascoltatori raccontando, con gli occhi entusiasti e le mani frenetiche, di come i salmoni enormi riuscissero a spaccare le reti con la forza della disperazione, raccontava di onde marine gigantesche che arrivavano fino al cielo e di uomini e donne dai colori diversi che parlavano lingue incomprensibili. Parlava l'inglese Tony, o meglio, «l'americano», come diceva lui. Era un marinaio generoso e quello che sapeva lo metteva a disposizione di chi lo voleva imparare. Ma se l'occasionale «allievo» si fosse messo a cercare le parole di Tony in un dizionario inglese-italiano non le avrebbe mai trovate. L'americano di Tony era quello usato nei porti e che lui aveva appreso e adattato sulla base della sua vera lingua, il dialetto di Termoli. Così un'espressione triviale come «son of a bitch» era diventata «salaminbich» e «fuck you» si era trasformato in «faky», quasi fosse il fantasioso nome di un cane.

Tony ormai era tornato definitivamente a casa e ora poteva godersi la stabilità che la vita gli aveva sempre negato. Gli piaceva occuparsi delle piante sulla terrazza, delle rose e di un meraviglioso gelsomino da cui ogni mattina staccava un fiore per regalarlo alla sua Penelope che aveva avuto per anni la pazienza di aspettarlo. Ma il suo cuore batteva in modo particolare per il piccolo Federico, suo nipote e suo ascoltatore privilegiato, che aveva occhi e andatura come i suoi ma, soprattutto, era come lui curioso e sensibile al fascino del mare. «Tuo nipote assomiglia a te da piccolo» gli dicevano e lui era orgoglioso e felice che esistesse un altro piccolo «se stesso» con ancora tutta la vita davanti a sé.

Da buon marinaio Tony amava anche fumare la pipa. Che profumo inebriante! Federico lo seguiva ovunque

gen, verbrannt von dem vom Meer reflektierten Licht – über all das sprach er nicht. Er hütete sich geradezu, seine schreckliche Sehnsucht nach der Heimat und seinen Lieben zu erwähnen, die ihm immer wieder das Herz zerrissen hatte. Stattdessen zog er seine Zuhörer in Bann, wenn er mit begeistertem Blick und wilden Handbewegungen von den riesigen Lachsen erzählte, die mit verzweifelter Kraft die Netze zerrissen, von den gewaltigen, bis zum Himmel reichenden Wellen oder von Männern und Frauen verschiedener Hautfarbe mit unverständlichen Sprachen. Tony sprach Englisch, oder besser gesagt « Amerikanisch », wie er meinte. Er war ein großherziger Seemann und gern bereit, das, was er wusste, anderen zu vermitteln. Doch falls der gelegentliche « Schüler » die von Tony benutzten Wörter in einem Englisch-Italienisch-Lexikon hätte nachschlagen wollen, wäre er niemals fündig geworden. Tonys Amerikanisch war das, was er in den Häfen aufgeschnappt und seiner eigenen Sprache, dem Dialekt von Termoli, angepasst hatte. So wurde aus ordinären Ausdrücken wie « son of a bitch » einfach « salaminbich » oder « fuck you » « fukky », als sei es ein erfundener Hundename.

Schon seit längerer Zeit war Tony endgültig nach Hause zurückgekehrt und konnte nun die ihm vom Leben bisher nicht vergönnte Ruhe genießen. Er beschäftigte sich gerne mit den Pflanzen auf der Terrasse, den Rosen und dem wunderschönen Jasmin, von dem er jeden Morgen eine Blüte abzupfte und seiner Penelope brachte, die jahrelang geduldig auf ihn gewartet hatte. Doch besonders schlug sein Herz für seinen bevorzugten Zuhörer, den kleinen Federico, der Augen und Gang von ihm hatte und vor allem wie er selbst neugierig und empfänglich für die Faszination des Meeres war. « Dein Enkel sieht aus wie du, als du klein warst », sagten sie zu ihm und Tony war stolz und glücklich, dass es noch ein anderes kleines « Er Selbst » gab, das noch das ganze Leben vor sich hatte.

Als anständiger Seemann rauchte Tony auch gerne Pfeife. Was für ein betörender Duft ! Federico folgte ihm überallhin,

per bearsi di quell'odore di tabacco aromatico quella fragranza di esperienza e di vita vissuta. Tony si sedeva spesso sulla terrazza che dava sul porto e guardava il mare.

«Cosa fai nonno?» gli chiedeva il bimbo che lo adorava.

«Vieni Fede, siediti qui, guarda com'è bello il mare» lo incitava lui.

Tony aveva un cane, Robi, un barboncino bianco, e ogni giorno insieme a Federico lo portava a spasso. Andavano al porto, in una mano il nonno teneva il guinzaglio e nell'altra la manina del bambino lentigginoso e con i capelli arruffati. Tony parlava con tutti, lì era di casa. Gli uomini che lavoravano al porto erano tutti della sua razza: marinai con la pelle bruciata di chi aveva passato la vita esposto alle intemperie e ai raggi pungenti del sole. Durante le loro passeggiate capitava che Robi abbaiasse ai cani dei pescatori. Nonno e nipote in quei casi si fermavano a osservare incuriositi questi animali che consideravano le barche la loro casa e abbaiavano come matti per difendere il loro territorio.

«Lo sai Fede, quei cani non sono mai scesi dalla barca, non sono mai stati sulla terraferma», spiegava Tony al bambino, mentre rifletteva che forse quei cani non avevano mai trovato il coraggio di saltare quel mezzo metro di vuoto che li divideva dalla banchina, dalla libertà. «Peccato, non sanno quello che si perdono», diceva il vecchio quasi parlando tra sé.

Federico intanto restava incantato a guardare i pescatori che sbattevano i polpi sugli scogli. Un giorno gli chiese «Nonno perché fanno così, non fanno male ai polpi?»

Toni distolse per un attimo lo sguardo dall'orizzonte.

«No, Fede, ormai sono morti. Vedi? Prima gli rivoltano la testa per ucciderli e poi li sbattono per ammor-

um sich an diesem Duft des aromatischen Tabaks zu berauschen, an diesem Wohlgeruch von Erfahrung und gelebtem Leben. Tony saß oft auf der Terrasse, mit Blick auf den Hafen, und betrachtete das Meer.

«Was machst du, Opa?», fragte ihn der Kleine, der ihn bewunderte.

«Komm, Fede, setz dich her und schau, wie schön das Meer ist!», forderte dieser ihn auf.

Tony hatte einen Hund, Robi, ein weißer Zwergpudel, mit dem er zusammen mit Federico jeden Tag spazierenging. Sie schlenderten zum Hafen, in der einen Hand hielt der Großvater die Leine, in der anderen das Händchen des kleinen Jungen mit den Sommersprossen und dem wirren Haar. Tony unterhielt sich mit allen. Dort war er zu Hause. Die Männer, die am Hafen arbeiteten, waren alle aus demselben Holz geschnitzt wie er, Seeleute mit verbrannter Haut, Menschen, die ihr Leben lang der Unbill des Wetters und den stechenden Strahlen der Sonne ausgesetzt waren. Während ihres Spaziergangs bellte Robi manchmal die Hunde der Fischer an. Großvater und Enkel blieben dann stehen, um neugierig den Tieren zuzuschauen, die die Schiffe als ihr Haus betrachteten und wie verrückt bellten, um ihr Gebiet zu verteidigen.

«Du musst wissen, Fede, diese Hunde haben nie das Schiff verlassen, haben nie Festland betreten», erklärte Tony dem Kind und dachte, dass diese Hunde vielleicht nie den Mut hatten, den halben Meter Leere zu überspringen, der sie vom Kai, von der Freiheit trennte. «Schade, sie wissen nicht, was sie versäumen», meinte der Alte wie zu sich selbst.

Federico beobachtete inzwischen fasziniert die Fischer, die die Kraken auf die Klippen schlugen. Eines Tages fragte er: «Opa, warum machen die das? Tun die den Kraken nicht weh?»

Tony wandte einen Moment den Blick vom Horizont:

«Nein, Fede, die sind schon tot. Siehst du? Erst stülpen sie den Kopf nach außen, um sie zu töten, und dann schlagen

bidirli, altrimenti sarebbero troppo duri per essere mangiati ».

Quel giorno un pescatore sorridendo porse un polpo vivo al bambino che, senza esitare, allungò la mano. Il polpo gli si attorcigliò sul braccio in una stretta così forte che Tony ebbe quasi paura per il piccolo. Ma Federico invece no, rimase lì impassibile con il braccino teso che resisteva a malapena al peso dell'animale e con le gambette un po' divaricate per non perdere l'equilibrio. « Tutto suo nonno » sentenziò Tony eccitato e, a queste parole, Federico si fece ancora più coraggio e iniziò a staccare con forza i tentacoli dal braccio. « Non ho mai visto un bambino così piccolo e così coraggioso ! Tieni, è tuo », gli disse il pescatore.

E così nonno, nipote, cane e polpo si diressero verso casa. Tony era felice e Federico, con gli occhi accesi che sprizzavano orgoglio, era felice nello stesso modo perché … sì, perché quel giorno si era sentito anche lui, come il suo amato nonno, un vero lupo di mare.

Il ritorno

Suonò il campanello.

« Vado io ad aprire ! » disse la piccola Giorgia di tre anni. Quando sentiva suonare si precipitava sempre alla porta anche se faceva fatica a raggiungere la maniglia con la piccola mano paffuta.

Era curiosa e timorosa allo stesso tempo e, quando un adulto si faceva avanti per aiutarla ad aprire, si nascondeva dietro le sue gambe. Era una domenica mattina di dicembre e fuori, per le strade, soffiava gelida la tramontana e l'odore di mare in tempesta si mescolava a quello

sie sie, damit sie weich werden, sonst sind sie zu zäh zum Essen.»

An jenem Tag reichte ein Fischer dem Kind lächelnd eine lebendige Krake, und ohne zu zögern, streckte es die Hand danach aus. Die Krake wand sich um seinen Arm und heftete sich so fest daran, dass Tony schon Angst um den Kleinen bekam. Federico aber hatte keine Angst, blieb ungerührt mit seinem ausgestreckten Ärmchen stehen, nur mit Mühe konnte er das Gewicht des Tieres halten und spreizte etwas die kleinen Beine, um das Gleichgewicht nicht zu verlieren. «Ganz der Großvater», kommentierte Tony aufgeregt. Bei diesen Worten fasste Federico noch mehr Mut und löste mit ganzer Kraft die Tentakel von seinem Arm. «Ein so kleines und so mutiges Kind habe ich noch nie erlebt! Behalt sie, sie gehört dir», sagte der Fischer.

Und so gingen Großvater, Enkel, Hund und Krake nach Hause. Tony war glücklich und Federico, dessen leuchtende Augen vor Stolz funkelten, war genauso glücklich, weil, ja weil er sich an diesem Tag, ebenso wie sein geliebter Opa, wie ein echter Seewolf fühlte.

Rückkehr

Es klingelte.

«Ich geh aufmachen!», rief die dreijährige Giorgia. Wenn sie die Glocke hörte, rannte sie immer zur Tür, obwohl sie nur mit Mühe die Klinke mit den kleinen dicken Händchen erreichte.

Sie war neugierig und schüchtern zugleich, und wenn dann ein Erwachsener kam, um ihr zu helfen, versteckte sie sich hinter dessen Beinen. Es war ein Sonntagvormittag im Dezember, draußen auf den Straßen blies die eisige *Tramontana* und der Geruch des stürmischen Meeres vermischte sich mit dem des

del legno d'ulivo che ardeva nelle stufe e del pane appena sfornato.

A casa di Marcella in cucina la donna e le sue figlie erano impegnate a preparare i dolci natalizi, c'era chi sbucciava le mandorle, chi mischiava la marmellata di fichi con il vino, chi lavorava l'impasto per i biscotti. Il suono del campanello sorprese tutte. Marcella, preceduta dalla piccola Giorgia, andò ad aprire.

Quando vide l'uomo che era sulla soglia la forte emozione che la invase la lasciò senza parole. Capelli brizzolati raccolti in una coda di cavallo dietro la nuca, viso intenso in cui le tante rughe sembravano incise una per una e pelle abbronzatissima su cui risaltavano due occhi dallo sguardo severo e profondamente triste. Ci fu un lungo momento di silenzio, l'uomo guardò prima Marcella e poi si chinò verso Giorgia con tenerezza e curiosità.

La bambina era intimidita, non lo conosceva, non era abituata agli estranei, e poi quell'uomo era così strano, tanto grande davanti a lei che era così piccola, che scoppiò a piangere aggrappandosi forte a una gamba di sua madre. Ma le lacrime bagnavano anche il volto di Marcella che, con voce rotta, esclamò «Damiano ...! Sei tu? Sei tornato!» Poi si chinò verso la bimba e le disse cercando di tranquillizzarla «Giorgia, non avere paura, è papà, è papà, non avere paura». Ma Giorgia non si calmava, piangeva, l'uomo le sorrise e con le sue mani possenti sollevò la piccola che ora singhiozzava, le diede un bacio sulla guancia bagnata e la rimise in terra. L'ultima volta che Damiano era stato a casa era quando Marcella aveva partorito la piccola, poi si era perduto oltre l'orizzonte.

Damiano era uno dei tanti uomini il cui futuro poteva essere scritto in un solo modo: figlio di pescatore, pescatore a sua volta, si era poi imbarcato facendo del mare

in den Öfen verbrannten Olivenholzes und des frisch gebackenen Brotes.

Marcella war mit ihren Töchtern zu Hause in ihrer Küche mit dem Weihnachtsgebäck beschäftigt, einer schälte die Mandeln, einer mischte die Feigenmarmelade mit Wein, einer bereitete den Teig für die Kekse. Sie waren alle überrascht, als es klingelte. Die kleine Giorgia rannte voraus, Marcella öffnete.

Als sie den Mann auf der Schwelle sah, war sie dermaßen überwältigt, dass sie kein Wort herausbrachte. Leicht ergrautes Haar, im Nacken zu einem Pferdeschwanz zusammengebunden, ausdrucksvolles Gesicht, in das die vielen Falten wie einzeln eingekerbt schienen, die stark gebräunte Haut betonte die Augen mit dem strengen und zugleich tieftraurigen Blick. Ein langer Moment des Schweigens, der Mann sah erst Marcella an und beugte sich dann voller Zärtlichkeit und Neugier zu Giorgia.

Das kleine Mädchen war verschüchtert, sie kannte ihn nicht, sie war fremde Menschen nicht gewöhnt, und dann war der Mann so seltsam, so groß vor ihr, die so klein war. Sie fing an zu weinen und klammerte sich fest an das Bein der Mutter. Aber Tränen liefen auch über Marcellas Gesicht, die mit gebrochener Stimme ausrief: «Damiano, bist du's? Du bist heimgekehrt!» Dann beugte sie sich zu dem Kind: «Giorgia, du brauchst keine Angst zu haben, das ist Papa, das ist Papa, hab keine Angst!», versuchte sie es zu beruhigen. Aber Giorgia beruhigte sich nicht, sie weinte, der Mann lächelte sie an und hob die jetzt schluchzende Kleine mit seinen kräftigen Händen hoch, gab ihr einen Kuss auf die nasse Wange und setzte sie wieder ab. Das letzte Mal, als Damiano zu Hause war, hatte Marcella die Kleine gerade auf die Welt gebracht, doch bald darauf war er jenseits des Horizonts verschwunden.

Damiano war einer der vielen Männer, deren Zukunft vorgezeichnet war. Als Sohn eines Fischers wurde auch er Fischer, ging zur See und machte das Meer zu seiner wahren Heimat.

la sua vera casa. Durante una pausa in terraferma si era innamorato di Marcella, l'aveva messa incinta e l'aveva sposata per poi ripartire subito dopo. I suoi ritorni fugaci in famiglia non erano riusciti a rafforzare il legame tra lui e le figlie, era e rimaneva un estraneo, anche perché appena le cose andavano meglio era il momento di ripartire.

Andarono tutti e tre in cucina. Le altre figlie lo videro entrare, gli si avvicinarono e lo baciarono timidamente incerte tra gioia e soggezione. Ognuna di loro ricordava, per averlo sperimentato in passato durante i suoi ritorni, come i momenti di gioia venissero spesso offuscati da altri in cui ogni piccolezza diventava per Damiano un pretesto per arrabbiarsi e attaccare moglie e figlie. Era come una tigre in gabbia che, privata della sua libertà, ruggisce e attacca apparentemente senza motivo. Avevano imparato a sopportare, tanto, di lì a poco sarebbe scomparso di nuovo.

Ma quella mattina nessuna ancora immaginava che il marinaio non sarebbe più partito, e nessuna si era accorta che la camminata dell'uomo era diventata molto incerta. « È stato un incidente sulla nave, non potrò mai più imbarcarmi » raccontò mostrando la gamba. « Mai più » ripeté con uno sguardo di profondo cordoglio. E tutti si dovettero accontentare di quella frase perché non volle più riprendere l'argomento.

Da quel momento la vita non fu facile per Damiano, né per la sua famiglia. Quella maledetta gamba, che si portava dietro strascicandola come se non gli appartenesse più, gli ricordava ogni giorno la vita e la libertà perdute e tutte le avventure che non avrebbe più potuto vivere. Il suo umore era tetro, non c'erano momenti di allegria e scoppi d'ira come prima, ma solo una rabbia sorda a dominarlo: odiava tutto e tutti, se stesso e la vita.

Während einer Unterbrechung auf dem Festland hatte er sich in Marcella verliebt, sie geschwängert und geheiratet, um bald darauf wieder loszuziehen. Während der flüchtigen Aufenthalte in der Familie war es ihnen nicht gelungen, die Bande zwischen ihm und den Töchtern zu festigen, er war und blieb ein Fremder, denn kaum liefen die Dinge besser, schlug die Stunde des Abschieds schon wieder.

Die drei gingen in die Küche. Die anderen Töchter sahen ihn eintreten, gingen auf ihn zu und küssten ihn schüchtern, hin- und hergerissen zwischen Freude und Befangenheit. Jede von ihnen erinnerte sich, hatte sie es doch immer wieder erlebt, dass während seiner Aufenthalte in der Vergangenheit die Augenblicke der Freude oft von anderen getrübt wurden, in denen jede Kleinigkeit für Damiano Anlass war, wütend zu werden und Frau und Töchter anzugreifen. Dann war er wie ein Tiger im Käfig, der, seiner Freiheit beraubt, brüllte und offenbar grundlos angriff. Sie hatten gelernt, es zu ertragen, da er ja sehr bald wieder verschwinden würde.

An jenem Morgen konnte sich noch keine vorstellen, dass der Seemann nicht mehr abreisen würde, keine hatte bemerkt, dass der Gang des Mannes sehr unsicher geworden war. «Ein Unfall auf dem Schiff, ich werde nie mehr zur See gehen können», erzählte er und zeigte sein Bein. «Nie mehr», wiederholte er mit schmerzerfülltem Blick. Mit diesem Satz mussten sie sich zufriedengeben, denn er wollte darüber nicht weiter sprechen.

Von diesem Moment an war das Leben für Damiano und die Familie nicht leicht. Dieses verdammte Bein, das er hinter sich herzog, als gehörte es nicht mehr zu ihm, erinnerte ihn jeden Tag an sein verlorenes Leben, die verlorene Freiheit und all die Abenteuer, die er nicht mehr erleben würde. Seine Laune war düster, es gab keine Augenblicke der Freude mehr, aber auch keine Wutausbrüche wie früher, nur einen dumpfen Groll, der ihn beherrschte. Er hasste alles und alle, sich selbst und das Leben.

Solo la piccola Giorgia sembrava sapergli donare uno spiraglio di serenità, la bambina aveva imparato a ingoiare le lacrime e a evitare discussioni nei momenti difficili, perché aveva la certezza nel suo cuore che suo padre «facesse il cattivo» solo perché era tanto infelice. E cercava con mille attenzioni di alleviare questa infelicità riuscendoci soprattutto quando, padre e figlia insieme, si sedevano su una panchina al porto e guardavano il mare mano nella mano. Senza neanche sentire il bisogno di parlare si dicevano tutto.

A poco a poco, anno dopo anno impercettibilmente le spigolature di carattere di Damiano si smussarono, e la sua rabbia cominciò a placarsi. Giorgia era l'unica figlia rimasta a casa, le sorelle grandi si erano sposate, la moglie se ne era fatta una ragione, la vita insomma aveva avuto la meglio sui rancori e sui rimpianti. L'uomo cominciò a crearsi con pazienza un mondo nuovo e il mare, la sua antica ragione di vita, se lo portò pian piano a casa e decise di condividerlo con Giorgia. Prese l'abitudine, all'alba, di andare sulla spiaggia a cercare conchiglie. Spesso portava la figlia con sé, gli serviva qualcuno a cui appoggiarsi quando si chinava a raccoglierle, diceva, ammettendo solo nel suo cuore che era bello condividere la sua passione con qualcuno che lo capiva. Oppure andava al porto a farsi dare dai marinai le stelle marine o i grossi granchi che si erano impigliati nelle reti. I marinai ormai lo conoscevano e appena lo vedevano, gli preparavano un cestino di «meraviglie».

Nella stanzetta dove l'uomo riponeva con grande attenzione i suoi tesori Giorgia si era guadagnata il permesso di entrare anche quando Damiano non c'era. Quel luogo, con un bancone di legno e tanti scaffali colmi di conchiglie, era per la giovane un rifugio dall'atmosfera

Nur die kleine Giorgia schien ihm einen Hauch von Heiterkeit schenken zu können, das Kind hatte gelernt, die Tränen hinunterzuschlucken und in schwierigen Momenten Streit zu vermeiden, denn es trug in seinem Herzen die Gewissheit, dass der Vater nur « so böse tat », weil er sehr unglücklich war. Es versuchte mit tausenderlei Aufmerksamkeiten, dieses Unglücklichsein zu lindern, und das gelang vor allem, wenn Vater und Tochter zusammen auf einer Bank am Hafen saßen und Hand in Hand auf das Meer schauten. Ohne das Bedürfnis zu reden teilten sie sich alles mit.

Nach und nach, Jahr für Jahr, schliffen sich die Ecken und Kanten von Damianos Charakter unmerklich ab und sein Groll begann sich zu legen. Nur Giorgia war als einzige Tochter noch im Haus, die großen Schwestern waren verheiratet, Marcella hatte sich abgefunden, kurz und gut, Groll und Gram waren im Laufe des Lebens besiegt worden. Der Mann schuf sich mit Geduld eine neue Welt; er holte das Meer, seinen alten Lebensinhalt, nach und nach ins Haus und beschloss, es mit Giorgia zu teilen. Er fing an, in der Morgendämmerung an den Strand zu gehen und Muscheln zu suchen. Die Tochter nahm er oft mit, er brauchte jemanden, auf den er sich stützen konnte, wenn er sich hinabbeugte und sie aufhob, sagte er, denn nur in seinem Herzen gestand er sich ein, dass es schön war, seine Leidenschaft mit jemandem zu teilen, der ihn verstand. Oder er ging zum Hafen und ließ sich von den Seeleuten Seesterne oder große Krebse geben, die sich in den Netzen verfangen hatten. Die Seeleute kannten Damiano längst. Sobald sie ihn kommen sahen, bereiteten sie ihm einen Korb mit all den « Wunderdingen ».

In den kleinen Raum, in dem er mit großer Sorgfalt seine Schätze aufbewahrte, durfte Giorgia auch dann hinein, wenn Damiano nicht da war. Dieser Ort, mit der Werkbank aus Holz und den vielen Regalen voller Muscheln, war für das junge Mädchen ein Zufluchtsort mit einer magischen Atmosphäre,

magica dove più che in ogni altro posto si sentiva vicina al padre. Lì rimaneva incantata a guardare i granchi, le conchiglie, le stelle marine; tutto quello che la marea portava in superficie la notte e che si trasformava, sotto le mani abili del padre, da capolavoro della natura in opera d'arte. E Damiano costruiva castelli, chiese e palazzi, una vera Atlantide che emergeva alla luce del sole, mentre lui poteva finalmente ritornare a immergersi nel suo amato mare. Spesso la figlia lo aiutava e i due si dimenticavano di tutto e di tutti e il tempo si arrestava.

Le costruzioni di conchiglie si susseguirono mentre Giorgia diventava adulta. Era riuscita ad amare incondizionatamente quest'uomo a cui la veste di padre e marito da sempre stava stretta e che era stato con le sue sorelle un padre dai silenzi interminabili e dai no inspiegabili, un padre che, pur essendo presente, aveva il cuore e la mente altrove. Ma con lei no, tra loro c'era sempre stata un'intesa senza parole, un amore che non aveva bisogno di essere espresso e che li univa in qualche modo al mare.

E quando una sera Giorgia lo trovò addormentato per sempre nella stanzetta con la testa appoggiata al tavolo da lavoro, i capelli lunghi e ormai bianchi stesi come una rete sulle conchiglie sparse e il sorriso sulle labbra, sentì una stretta al cuore. Guardandolo con grande amore, non poté fare a meno di immaginare che il principe dei mari era tornato a solcare le onde, le stesse che aveva abbandonato quella domenica di dicembre molti anni prima.

Avrebbe voluto essere con lui.

an dem sie dem Vater näher war als an jedem anderen Ort. Wie verzaubert betrachtete sie die Krebse, Muscheln, Seesterne und alles, was das Meer über Nacht an Land spülte und was sich unter den geschickten Händen des Vaters von Meisterwerken der Natur in Kunstwerke verwandelte. Damiano baute Schlösser, Kirchen und Paläste, ein wahres Atlantis, das im Licht der Sonne auftauchte, während er endlich wieder in sein geliebtes Meer eintauchen konnte. Oft half ihm die Tochter und die beiden vergaßen alles und alle, die Zeit blieb stehen.

Ein Muschelgebilde folgte dem anderen, während Giorgia erwachsen wurde. Es war ihr gelungen, diesen Mann bedingungslos zu lieben, diesen Mann, dem das Gewand des Vaters und Ehemanns von jeher zu eng gewesen war, für ihre Schwestern ein Vater nicht enden wollenden Schweigens und unbegreiflicher Neins, ein Vater, der, wenngleich anwesend, mit Herz und Kopf woanders war. Nicht so bei ihr. Zwischen ihnen hatte es immer ein Einverständnis ohne Worte gegeben, eine Liebe, die nicht zum Ausdruck gebracht werden musste und die sie in irgendeiner Form ans Meer band.

Als Giorgia ihn eines Abends in dem kleinen Raum fand, für immer eingeschlafen, mit dem Kopf auf dem Arbeitstisch, die langen, inzwischen weißen Haare wie ein Netz über den verstreuten Muscheln ausgebreitet und mit einem Lächeln auf den Lippen, fühlte sie einen Stich im Herzen. Während sie ihn mit großer Liebe betrachtete, konnte sie nicht anders, als sich vorzustellen, dass der Fürst der Meere zu den Wellen zurückgekehrt war, den Wellen, die er an jenem Sonntag im Dezember vor vielen Jahren verlassen hatte.

Gerne wäre sie bei ihm gewesen.

Era giugno, Cristina aveva appena ricevuto la pagella ed erano finalmente cominciati i tre mesi di vacanza tanto attesi.

«Non puoi rimanere a Milano con quest'afa, almeno tu che sei libera vai da zia Lucia, al mare, ti ha invitata tante volte» aveva detto Luisella alla figlia. Cristina non se lo era fatto ripetere due volte. Era partita nella speranza che la brezza marina le portasse quel refrigerio che nella città infuocata era un miraggio e che il sole rendesse dorata la sua carnagione invernale.

La zia ospitava quegli stessi giorni una cugina di Cristina di qualche anno più grande, Manuela. Sia Manuela che zia Lucia erano delle patite dell'abbronzatura, ma soprattutto erano convinte di essere le depositarie di tutti i segreti della tintarella perfetta e, quando seppero dell'arrivo di Cristina, furono entusiaste alla prospettiva di rivelarglieli.

«Cosa vuoi saperne tu del sole che da quando sei nata vivi nel grigiore di Milano», le avevano detto per telefono, chiarendo definitivamente e senza appello quali fossero i ruoli stabiliti dal copione vacanza: zia Lucia, l'esperta senior, Manuela l'esperta junior e Cristina la neofita.

Cristina arrivò a destinazione in tarda mattinata, stanca per aver viaggiato tutta la notte. Un'aria afosa e le due donne l'accolsero alla fermata del pullman. Dopo abbracci e baci Manuela le disse:

«Allora sei pronta?»

«A cosa?» chiese Cristina ingenua.

«Come a cosa, ad abbronzarti!»

In quattro e quattr'otto, la zia e Manuela avevano arruolato Cristina e finalmente poteva iniziare la guerra contro il nemico comune: il pallore!

Ab ans Meer

Es war Juni, Cristina hatte gerade ihr Zeugnis erhalten, die heiß ersehnten drei Monate Ferien hatten endlich begonnen.

«Bei dieser Affenhitze kannst du nicht in Mailand bleiben. Jetzt, wo du frei hast, solltest wenigstens du zu Tante Lucia ans Meer fahren. Sie hat dich schon so oft eingeladen», sagte Luisella zu ihrer Tochter. Cristina ließ sich das nicht zweimal sagen. Sie reiste ab, in der Hoffnung, dass die Meeresbrise ihr jene Abkühlung bringen würde, die in der aufgeheizten Stadt nur ein frommer Wunsch war, und dass die Sonne ihrer Winterhaut einen goldenen Farbton verleihen würde.

Zur gleichen Zeit war auch die ein paar Jahre ältere Cousine Manuela bei der Tante zu Gast. Manuela war, genau wie Tante Lucia, geradezu versessen darauf, braun zu werden. Vor allem aber waren sie davon überzeugt, ein unerschöpfliches Wissen über sämtliche Geheimnisse einer perfekten Bräune zu verfügen, und als sie von Cristinas Besuch erfuhren, versetzte sie die Aussicht, sie ihr zu verraten, in Begeisterung.

«Was weißt du schon von Sonne, die du seit deiner Geburt im grauen Mailand lebst», hatten sie ihr bereits am Telefon gesagt und damit gleich einmal ganz klar und ohne Aufforderung die Rollenverteilung in puncto Ferien geklärt: Tante Lucia Seniorexpertin, Manuela Juniorexpertin und Cristina die Anfängerin.

Cristina erreichte am späten Vormittag ihr Ziel, müde, weil sie die ganze Nacht unterwegs gewesen war. Schwüle Luft und die beiden Frauen empfingen sie an der Bushaltestelle. Nach Umarmungen und Küssen meinte Manuela:

«Also, bist du bereit?»

«Wozu?», fragte Cristina naiv.

«Wie, wozu? Zum Braunwerden!»

Cristina wurde einfach kurzerhand von Tante und Manuela in die Truppe aufgenommen und der Kampf gegen den gemeinsamen Feind, die Blässe, konnte beginnen!

Prima fase: « preparazione per la spiaggia », ovvero eliminazione di tutti i peli superflui.

In men che non si dica Cristina si ritrovò in fila in mutandine con la zia e la cugina. Per la ceretta casalinga collettiva era stata ingaggiata Elsa, una parente estetista che, proprio in quel momento, si stava bruciando le dita non sapendo dove appoggiare il pentolone pieno di cera bollente e quindi imprecava contro zia Lucia che aveva avuto l'idea di fare la ceretta in camera da letto.

Cristina, Manuela e Lucia erano sedute sul letto sopra un grande lenzuolo bianco e aspettavano. Trovata una collocazione per la pentola Elsa cominciò: mescolò con tutta la forza che aveva la cera fusa, ne raccolse un po' in un cucchiaio di legno, ci soffiò sopra e la buttò con un colpo secco su una gamba di Cristina, spalmandola come se fosse miele:

« Ahiaaa ! ! ! ! Che male ! Ma è bollente ! » urlò la ragazza.

« Resisti, coraggio ! Nella vita chi vuole apparire deve soffrire ! » disse zia Lucia.

« E uno, e due, e tre, e quattro, e cinque, e sei », andava contando Elsa stendendo la ceretta liquida e caldissima sulla sesta gamba, la gamba sinistra di zia Lucia, mentre, nel frattempo, la striscia di cera sulla prima gamba, la gamba destra di Cristina, si era raffreddata ed era quindi pronta per lo strappo. Con grande maestria Elsa sollevò leggermente un angolo della striscia di cera ormai fredda staccandola dalla gamba e, con un movimento secco e deciso, strappò. Cristina contrasse il viso dal dolore, trattenne a stento un urlo mentre gli occhi le si riempivano di lacrime. La tortura continuò per due ore, con zia e nipoti che assumevano le posizioni più assurde e più imbarazzanti per agevolare gli strappi e sentire meno dolore.

Teil eins: « Vorbereitung für den Strand » beziehungsweise Beseitigung von sämtlichen unerwünschten Haaren.

In null Komma nichts fand Cristina sich mit Tante und Cousine in Höschen in einer Reihe wieder. Für die kollektive häusliche Wachsbehandlung war Elsa engagiert worden, eine Verwandte, die Kosmetikerin war und die sich jetzt gerade die Finger verbrannte, weil sie nicht wusste, wo sie den vollen Topf mit dem kochenden Wachs abstellen sollte. Sie verwünschte Tante Lucia, die die Idee gehabt hatte, die Behandlung im Schlafzimmer vorzunehmen.

Cristina, Manuela und Lucia saßen auf dem Bett auf einem großen weißen Laken und warteten. Nachdem Elsa einen Platz für den Topf gefunden hatte, fing sie an. Sie rührte mit aller Kraft das geschmolzene Wachs um, schöpfte mit einem Holzlöffel ein wenig heraus, pustete etwas darauf, schüttete es mit einem kurzen Schlag auf ein Bein von Cristina und verteilte es, als wäre es Honig.

« Au ! ! ! Tut das weh ! Das ist heiß ! », schrie das junge Mädchen auf.

« Halte durch, nur Mut ! Wer schön sein will, muss leiden ! », sagte Tante Lucia.

« Und eins und zwei und drei und vier und fünf und sechs », zählte Elsa und strich das flüssige, kochendheiße Wachs auf das sechste Bein, das linke von Tante Lucia, während in der Zwischenzeit der Wachsstreifen vom ersten Bein, das rechte von Cristina, abgekühlt war und abgerissen werden konnte. Geübt hob Elsa eine Ecke des nun erkalteten Wachsstreifens vom Bein leicht an und riss ihn mit einer kurzen, entschlossenen Bewegung ab. Cristina verzog vor Schmerz ihr Gesicht und konnte kaum einen Schrei zurückhalten, während die Augen sich mit Tränen füllten. Die Tortur dauerte zwei Stunden, wobei Tante und Nichten die absurdesten und peinlichsten Stellungen einnahmen, um das Abreißen der Streifen zu erleichtern und den Schmerz weniger zu spüren.

Vinta la «prima battaglia», che le aveva lasciate tutte e tre stremate, si rilassarono chiacchierando, accarezzandosi le gambe a puntini rossi e la striscia di pelle bordeaux sopra il labbro superiore, anch'esso vittima della ceretta. Rimasero a casa per il resto della giornata.

Il giorno dopo zia Lucia svegliò le ragazze di buonora perché era arrivato il momento di dare il via alla fase cruciale dell'«abbronzatura da invidia». Questa fase, che sarebbe durata fino alla fine delle vacanze, era divisa in due parti: di giorno abbronzarsi, e guai a chi sgarrava e di sera indossare vestitini chiari facendo lo struscio sul corso per mostrare l'invidiabile abbronzatura.

Le due soldatine messe in riga dalla zia si alzarono e si prepararono. Manuela ebbe bisogno di molto tempo, non sarebbe mai andata alla spiaggia senza rossetto, matita nera e mascara rigorosamente waterproof, enormi orecchini a cerchio e, ovviamente, un pareo intonato con i suoi occhi color nocciola. Uscirono di casa verso le dieci e mezza in fila indiana. Cristina, coda di cavallo e kajal di Manuela agli occhi, ombrellone nella mano destra e sedia pieghevole in quella sinistra, zia Lucia, altra sedia e materassino e Manuela borse con asciugamani e cibarie.

Arrivate sulla spiaggia Cristina ebbe quasi immediatamente l'impressione di aver sbagliato qualcosa: dov'era la brezza che aveva sperato di trovare, il refrigerio e il relax di cui aveva tanto bisogno? Si rese presto conto di trovarsi in un campo di battaglia tra ombrelloni e corpi ammassati. Zia Lucia, come se nulla fosse, lo attraversava con la disinvoltura di un veterano in un percorso di guerra.

Per raggiungere il loro posto al sole le tre donne si dovettero difendere dalle pallonate dei bambini che giocavano a calcio credendosi uomini, e da quelle degli anziani con la bandana in testa che d'improvviso erano tornati

Nachdem die «erste Schlacht» geschlagen war und alle drei völlig erschöpft zurückließ, entspannten sie sich. Plaudernd strichen sie entlang ihrer rot gepunkteten Beine und den bordeauxfarbenen Fleck über der Oberlippe, auch ein Opfer der Wachsbehandlung. Den Rest des Tages blieben sie zu Hause.

Am nächsten Tag weckte Tante Lucia die Mädchen zeitig, denn nun brach die entscheidende Phase für die «beneidenswerte Bräune» an. Diese Phase, die von diesem Zeitpunkt bis zum Ende der Ferien andauern würde, bestand aus zwei Teilen. Tagsüber Bräune tanken, und bloß nicht schlappmachen! Abends dann in heller Kleidung die beneidenswerte Bräune auf dem Corso zur Schau stellen.

Die beiden von der Tante auf Zack gebrachten Soldatinnen standen auf und machten sich fertig. Manuela brauchte wie immer sehr lange. Ohne roten Lippenstift, schwarzen Lidstrich und absolut wasserfeste Wimperntusche, dazu riesige Kreolenohrringe und natürlich einen Pareo, der irgendwie auf ihre haselnussbraunen Augen abgestimmt war, würde sie nie an den Strand gehen. Gegen halb elf verließen sie in einer Reihe hintereinander das Haus. Cristina, Pferdeschwanz und mit Manuelas Kajalstift geschminkt, großer Sonnenschirm in der rechten Hand, Klappstuhl in der linken; Tante Lucia den anderen Stuhl und die Luftmatratze; Manuela die Taschen mit Handtüchern und Essen.

Am Strand angekommen, merkte Cristina bald, dass sie wohl etwas falsch gemacht hatte. Wo war die erhoffte Brise, die Abkühlung und das Ausspannen, das sie so dringend nötig hatte? Sie musste bald feststellen, dass sie sich auf einem Schlachtfeld von Sonnenschirmen und Massen von Körpern befand. Als sei das alles nichts Besonderes, ging Tante Lucia mit der Selbstverständlichkeit eines Veteranen im Kampfeinsatz mitten hindurch.

Um ihren Platz in der Sonne zu erreichen, mussten die drei Frauen die Bälle der Fußball spielenden Kinder, die sich schon wie große Männer vorkamen, ebenso abwehren wie die Bälle der mit Stirnband ausgerüsteten Erwachsenen, die wiederum zu

bambini. Si dovettero difendere anche dagli sguardi lascivi e insistenti di vecchi signori e infine, dalla sabbia sollevata dai più piccoli che correvano facendo lo slalom tra gli ombrelloni senza curarsi di dove mettevano i piedi. Intanto Cristina seguiva con preoccupazione Manuela e Lucia che si allontanavano sempre di più dal bagnasciuga, unico luogo dove si potesse godere un filo di brezza. Le due davanti a lei, infatti, marciavano dritte verso la loro meta sotto il sole cocente, dove il profumo di mare veniva sempre più sopraffatto dall'odore di sudore e di pizzette mescolato con quello di cocco e mandorla delle creme solari. Cristina ebbe nostalgia della sua Milano.

«Eccoci», disse zia Lucia trionfante una volta arrivate vicino alle cabine, la zona più calda della spiaggia, dove non tirava neanche un alito di vento.

«Ma qua non si respira» si lamentò timidamente Cristina.

«Il sole che non brucia non abbronza» sentenziarono le due esperte all'unisono. Si sdraiarono su tre asciugamani messi uno accanto all'altro. Lucia e Manuela si spalmarono di olio abbronzante, a Cristina fu dato eccezionalmente il permesso di usare una crema protettiva. L'ombrellone naturalmente non venne mai aperto.

«Che fai, ti alzi già?» chiese Manuela in tono di rimprovero a sua cugina quando la vide che, quatta quatta, stava per muoversi.

«Sì, Manuela, vorrei andare a fare un bagno.»

«Ma sei matta? Siamo appena arrivate, devi scaldare di più la pelle!»

«Appena arrivate» non teneva conto che erano lì già da quaranta minuti sotto il sole a picco come degli spiedini che, all'ordine di zia Lucia, si giravano da soli sincronicamente, ora a pancia in giù, ora a pancia in su.

Kindern wurden. Sie mussten sich außerdem gegen die schamlosen, aufdringlichen Blicke alter Männer verteidigen sowie sich vor dem aufgewirbelten Sand der kleinen Kinder schützen, die im Slalom zwischen den Sonnenschirmen hindurchrannten, ohne sich darum zu scheren, wohin sie mit ihren Füßen traten. Mit Sorge folgte Cristina Manuela und Lucia, die sich immer weiter vom Wasser entfernten, dem einzigen Ort, an dem man eine kleine Brise hätte genießen können. Doch die beiden vor ihr marschierten geradewegs auf ein Ziel unter der prallen Sonne zu, wo der wohltuende Geruch des Meeres vollständig von den Gerüchen nach Schweiß und Pizza, vermischt mit Kokos- oder Mandelsonnenmilch, überlagert wurde. Cristina sehnte sich nach ihrem Mailand.

«Da sind wir!», sagte Lucia triumphierend, als sie in der Nähe der Umkleidekabinen angekommen waren, dem heißesten Platz am Strand, wo nicht einmal ein Hauch von Wind wehte.

«Hier kriegt man ja überhaupt keine Luft!», beklagte sich Cristina schüchtern.

«Eine Sonne, die nicht brennt, bräunt nicht!», antworteten die beiden Expertinnen im Duett. Sie legten sich auf drei nebeneinander ausgebreitete Handtücher. Lucia und Manuela rieben sich mit Bräunungsöl ein, Cristina wurde ausnahmsweise erlaubt, eine Sonnenschutzcreme zu benutzen. Der Sonnenschirm wurde natürlich nicht geöffnet.

«Was machst du denn? Stehst du schon auf?», fragte Manuela vorwurfsvoll ihre Cousine, als sie diese sich heimlich bewegen sah.

«Genau, Manuela, ich möchte nämlich ins Wasser gehen.»

«Bist du verrückt? Wir sind doch gerade erst angekommen, deine Haut muss sich erst mehr erhitzen!»

«Gerade erst angekommen» hieß, schon seit vierzig Minuten unter der glühenden Sonne wie Spieße zu braten, die sich auf Befehl von Tante Lucia gleichzeitig wendeten, einmal auf den Bauch und einmal auf den Rücken.

«Uè, Cristi', sei viva?» chiese preoccupata zia Lucia da lì a mezz'ora. Dopo il fallito tentativo di fuga Cristina si era risdraiata e non aveva più detto una parola.

«Non lo so» rispose in tono sofferente.

«Andiamo a bagnarci un po'» suggerì la zia, se non altro per un senso di responsabilità nei confronti della nipote più giovane.

Andarsi a bagnare era proprio da prendere alla lettera perché né zia Lucia né Manuela sapevano nuotare e quindi rimasero qualche minuto nell'acqua a mollo, fecero qualche esercizio contro la cellulite alle cosce, per poi ritornare di gran corsa in postazione «cottura».

Qualche giorno dopo zia Lucia venne a sapere che la birra aveva un effetto abbronzante. Non bisognava berla, ma spalmarsela addosso. Da quel momento prese il via la terza fase del programma vacanza: «l'operazione birra», che prevedeva l'acquisto di almeno tre bottiglie di birra ogni mattina.

Giorno dopo giorno la pelle delle soldatine si tinse di quasi tutti i colori dell'iride, dal bianco al rosso, poi al rosso fuoco, al violaceo e infine si ritrovarono abbronzate: lo scopo era stato raggiunto! Solo che con tutta quella birra che si erano spalmate addosso, lasciavano dietro di sé l'odore di Monaco di Baviera durante l'Oktoberfest!

Dopo una settimana Cristina era abbronzata, sì, ma non ne poteva più! Per ben sette giorni non si erano perse nessun pericoloso raggio di sole dalle undici alle cinque, dopodiché erano corse subito a casa, si erano fatte una maschera all'anguria facendosela seccare sul viso perché secondo Manuela faceva benissimo alla pelle e la idratava, e poi, alla fine ... via! Si erano truccate, rivestite e preparate per la passerella serale.

«No, non farti un'altra doccia, ti lavi via l'abbronzatura!» Disse Manuela il settimo giorno, quando vide

«Huhu, Cristi, lebst du noch?», fragte Tante Lucia nach einer weiteren halben Stunde etwas beunruhigt. Nach dem gescheiterten Fluchtversuch hatte Cristina sich wieder hingelegt und kein Wort mehr gesagt.

«Ich weiß nicht», antwortete sie in leidendem Ton.

«Komm, wir machen uns ein bisschen nass», schlug die Tante vor, vielleicht verspürte sie eine Art Verantwortung gegenüber der jüngeren Nichte.

«Sich nass machen gehen» war tatsächlich wörtlich zu nehmen, denn weder Tante Lucia noch Manuela konnten schwimmen, also blieben sie ein paar Minuten im seichten Wasser, machten ein paar Übungen gegen Cellulitis an den Oberschenkeln und begaben sich dann eiligst zurück in Stellung «braten».

Ein paar Tage später hatte Tante Lucia gehört, dass man von Bier braun wird. Man musste es allerdings nicht trinken, sondern sollte sich damit einreiben. Dies eröffnete den Weg zur dritten Phase des Ferienprogramms, der Operation Bier, und bedeutete, dass jeden Morgen drei Flaschen Bier besorgt werden mussten.

Im Laufe der Zeit nahm die Haut der drei Soldatinnen sämtliche Regenbogenfarben an, von Weiß zu Rot, dann Feuerrot bis Blauviolett und wurde schließlich braun. Das Ziel war erreicht. Nur, mit dem ganzen auf dem Körper verteilten Bier hinterließen sie einen Geruch wie München während des Oktoberfests!

Nach einer Woche war Cristina zwar braun gebrannt, aber sie konnte nicht mehr. Sieben Tage lang hatten sie keinen der zwischen elf und fünf Uhr besonders gefährlichen Sonnenstrahlen versäumt. Anschließend war man dann nach Hause gegangen, hatte sich eine Maske aus Wassermelonenscheiben gemacht, sie auf dem Gesicht trocknen lassen, denn laut Manuela tat das der Haut sehr gut und verlieh ihr wieder Feuchtigkeit, und dann ging's los! Man schminkte sich, kleidete sich wieder an und bereitete sich für den abendlichen Laufsteg vor.

«Nein, nicht noch mal duschen! Du wäschst ja die ganze Bräune ab!», rief Manuela am siebten Tag, als sie Cristina, die

Cristina che si dirigeva per la seconda volta in bagno con l'asciugamano nel disperato tentativo di liberarsi da quella terribile puzza di birra.

« E no, ora basta ! », pensò Cristina, e fu in quel momento che prese la grande decisione. Doveva assolutamente riappropriarsi della sua vita. Entrò in bagno e si fece la doccia, macchiandosi così del gravissimo reato d'insubordinazione. Il giorno dopo raccontò di aver ricevuto una telefonata che la costringeva a tornare.

Rifece le valige e scappò nella sua afosa ma tanto fresca Milano.

sich verzweifelt von dem schrecklichen Biergestank befreien wollte, zum zweiten Mal mit dem Handtuch Richtung Bad gehen sah.

« Nein, jetzt reicht's ! », dachte Cristina und in diesem Moment traf sie die große Entscheidung ! Sie musste wirklich endlich wieder über ihr Leben bestimmen dürfen. Sie ging ins Bad und duschte und beging damit die ausgesprochen schwerwiegende Straftat der Gehorsamsverweigerung. Am nächsten Tag erzählte sie, sie habe einen Anruf erhalten, der sie zwinge, nach Hause zu fahren. Sie packte wieder ihre Koffer und floh in ihr schwüles und doch so frisches Mailand.

La vita degli italiani è nelle mani di Dio ma non in maniera esclusiva, perché magia e superstizione svolgono in essa un ruolo altrettanto fondamentale. L'idea che l'uomo possa influenzare le forze della natura crea l'illusione di un potere sulle cose. I primi sedicenti depositari di questo potere sono i maghi. In Italia operano più di centocinquantamila tra fattucchiere, guaritori e santoni che affermano di sanare malattie incurabili, che preparano filtri d'amore e tolgono fatture e malocchi, sortilegi lanciati dall'occhio malvagio di persone nemiche, forieri di disgrazie e malanni per la vittima. Secondo i maghi tutto questo spesso avviene grazie all'intercessione della Madonna, di Cristo o dei tanti santi. È così che la magia si traveste da religione acquisendo una pseudo ufficialità e mietendo vittime sempre nuove. Le persone che si rivolgono ai maghi sono più di dodici milioni, alcune delle quali giungono a una forma di dipendenza psicologica che le porta a indebitarsi per pagare pozioni o terapie da migliaia di euro. Il fenomeno è una tale piaga che è nato l'«Osservatorio antiplagio» per contrastare il dilagare dell'occultismo e degli imbrogli a esso connessi.

Gli italiani, inoltre, per proteggersi dalla sfortuna, fanno ricorso a tutta una serie di superstizioni. Non si passa sotto una scala, non si apre l'ombrello in casa, non si rovescia l'olio né, tantomeno, si rompe uno specchio perché tutto ciò «porta male». Altre credenze hanno natura profetica: la mano destra che prude sono soldi in arrivo o botte per qualcuno, il vestito messo a rovescio porterà visite o buone notizie, la

Italienisches Abrakadabra

Das Leben der Italiener liegt in Gottes Hand, aber nicht ausschließlich, denn auch Magie und Aberglaube spielen eine wichtige Rolle. Die Vorstellung, dass der Mensch Einfluss auf die Kräfte der Natur oder gar das Übernatürliche nehmen könnte, erzeugt eine Illusion von Macht über die Dinge. Die meisten Menschen, die sich anmaßen, diese Macht zu besitzen, sind die Magier. In Italien gibt es davon über einhundertfünfzigtausend, darunter Hexen, Heiler und selbst ernannte Heilige, die vorgeben, unheilbare Krankheiten heilen zu können, die Liebestränke bereiten und Verzauberung und den von feindseligen Personen ausgesendeten «bösen Blick» abwenden, der Leid und Unglück über das Opfer bringen soll. Meistens behaupten sie, dass ihr Tun von der heiligen Muttergottes, von Christus oder den unterschiedlichen Heiligen gelenkt würde. Auf diese Weise existiert Magie unter dem Deckmäntelchen der Religion, erhält eine Art offiziellen Charakter und dadurch Zulauf immer neuer Opfer. Mehr als zwölf Millionen Menschen wenden sich an Magier, etliche von ihnen geraten in eine psychische Abhängigkeit, die dazu führt, dass diese Menschen sich mit Tausenden von Euro verschulden, um ihre Heilwässerchen und Therapien zu bezahlen. Das Phänomen hat sich zu einer solchen Plage entwickelt, dass das «Osservatorio antiplagio» eingerichtet wurde, eine «Beobachtungsstelle», um der Ausbreitung des Okkultismus und den damit zusammenhängenden Betrügereien entgegenzuwirken.

Um sich vor Unheil zu schützen, schwören Italiener außerdem auf eine Reihe unterschiedlicher Verhaltensregeln: Man soll nicht unter einer Leiter durchgehen; im Haus darf man einen Schirm nicht öffnen; man darf Öl nicht verschütten, geschweige denn einen Spiegel zerbrechen, denn all das «bringt Unglück». Andere Grundsätze sind prophetischer Natur: Juckt die rechte Hand, ist Geld zu erwarten oder jemand bekommt Prügel, ein

scopa che passa sui piedi di una ragazza senza marito condannerà fatalmente la «sfortunata» alla solitudine perenne ... Elementi tangibili della superstizione sono gli amuleti: cornetti, piccoli ferri di cavallo che vanno tenuti ben nascosti in tasca o nella borsa e accarezzati al momento opportuno per allontanare le potenze malefiche. Gli scongiuri, invece, sono espressioni o gesti rituali che servono anche loro a esorcizzare accadimenti negativi o a portare fortuna. «Tocco ferro» si dice, e le donne toccano ferro davvero, mentre gli uomini si toccano invece tra le gambe. Lo stesso effetto di rintuzzare la sfortuna hanno il gesto delle corna fatto verso il basso e la formula «In bocca al lupo», che vale come augurio positivo per qualcuno solo se questo la completa rispondendo «Crepi il lupo».

La superstizione degli italiani è anche legata al gioco. I più fantasiosi tipi di lotterie promettono milioni e nascono come funghi. I giocatori spesso si ispirano ai propri sogni che, se interpretati secondo la «Smorfia napoletana», il libro «sacro» di chi gioca al lotto che traduce in numeri i sogni e gli avvenimenti, indicherebbero i numeri da giocare per vincere e cambiare finalmente vita.

Peppino «'o schiattamuòrto»

Peppino faceva il becchino. Aveva ereditato l'impresa di pompe funebri di famiglia e, da quando era nato, non aveva mai pensato di fare altro nella vita. Teatro della sua professione, dignitosa e necessaria, era un paesino del napoletano in cui il poveretto a causa di una crudele su-

nach außen gekehrtes Gewand bringt Besuch oder gute Nachrichten, fährt ein Besen über die Füße eines unverheirateten Mädchens, wird die «Unglückselige» fatalerweise mit ewiger Einsamkeit bestraft und so fort. Wichtige Utensilien des Aberglaubens sind Amulette: Hörnchen oder kleine Hufeisen, gut verborgen in der Hosentasche oder der Handtasche, die im geeigneten Moment berührt werden, um die bösen Kräfte zu verjagen. Beschwörungen hingegen sind Aussprüche und rituelle Gesten, um negative Geschehnisse abzuwenden oder Glück zu bringen. «Tocco ferro», *sagt man, wobei Frauen tatsächlich Eisen, Männer hingegen sich im Schritt berühren. Dieselbe Wirkung, das heißt Unheil möglichst fernhalten, soll ein aus vorgestrecktem Zeigefinger und kleinem Finger geformtes, nach unten zeigendes Horn erzielen, der Ausspruch* « In bocca al lupo ! », *im Sinne von Hals- und Beinbruch!, jemandem Glück bringen, was aber nur wirkt, wenn dieser den Spruch vollendet, indem er antwortet:* « Crepi il lupo ! », *der Wolf soll sterben.*

Der Aberglaube der Italiener ist auch im Glücksspiel angesagt. Die phantastischsten Formen von Lotterie versprechen Millionen und sprießen wie Pilze aus dem Boden. Die Spieler lassen sich oft von ihren eigenen Träumen leiten; diese werden entsprechend der Smorfia Napolitana, *dem heiligen Buch eines jeden Lottospielers, worin Träume und Ereignisse in Zahlen übersetzt werden, gedeutet und sollen dann einen Hinweis auf die Gewinnzahlen geben und damit das Leben zum Besseren wenden.*

Der «Leichenbeppo»

Peppino war Leichenbestatter. Er hatte das im Familienbesitz befindliche Bestattungsunternehmen geerbt, und seit er auf der Welt war, war es ihm nie in den Sinn gekommen, etwas anderes zu tun. Schauplatz seines würdevollen und unentbehrlichen Berufes war ein kleiner Ort bei Neapel, wo der arme Kerl aufgrund

perstizione secondo cui un becchino porta sfortuna era diventato oggetto di derisione e discriminazione sociali. Fin da giovanissimo infatti i compagni avevano iniziato ad attribuirgli arbitrariamente la responsabilità di una serie di episodi nefasti. Con il tempo Peppino si era sempre più chiuso in se stesso e, forse per deformazione professionale o perché semplicemente gli piaceva, aveva iniziato a vestirsi di nero anche nel tempo libero, colore che faceva risaltare la sua carnagione cerea e la sua magrezza. Così facendo si era «guadagnato» a pieno diritto il titolo di «'o schiattamuorto», espressione napoletana che significa becchino e quindi per tutti anche porta sfortuna.

«Toccati, toccati, arriva il becchino» si dicevano gli uomini appena lo vedevano, portandosi automaticamente la mano tra le gambe per scaramanzia. «Ma che fai, saluti ‹'o schiattamuòrto›?», disse un giorno Gigi a Toni che replicò «Certo, mica sono scemo … Se non lo saluto chissà che sfortuna mi porta!» E con un gesto fulmineo mostrò a Gigi ghignando il cornetto che teneva stretto stretto in mano ogni volta che salutava Peppino.

«Quale donna potrebbe stare con quell'uccello del malaugurio! Prima ti fa morire e poi ti porta al cimitero!» disse Rosaria dopo aver sputato scaramanticamente in terra per tre volte quando si accorse che il poveretto aveva un debole per lei. Nonostante avesse potuto offrire a una donna una vita più che agiata, non ce n'era una che se lo sarebbe preso, tanto come nessun uomo sarebbe mai diventato suo amico.

Peppino lo sapeva, ma sembrava portare la sua croce con enorme dignità e con totale indulgenza nei confronti degli altri, forse perché anche lui era terribilmente superstizioso, addirittura quasi più di loro, al punto che, scherzando su se stesso, spesso diceva che la mattina quando si guardava allo specchio si toccava tra

des grausamen Aberglaubens, wonach ein Totengräber Unglück bringt, von den Bewohnern verspottet und gemieden wurde. Schon als Jugendlichen hatten ihn seine Kameraden willkürlich für eine Reihe von Unglücksfällen verantwortlich gemacht. Peppino wurde immer verschlossener und fing schließlich an, vielleicht, weil sein Beruf ihn so stark beeinflusste, oder einfach, weil es ihm gefiel, selbst in seiner Freizeit schwarze Kleidung zu tragen, eine Farbe, die seine Blässe und seine Magerkeit nur noch betonte. Damit hatte er sich mit vollem Recht den Namen « 'o schiattamuorto », (hiermit « Leichenbeppo » wiedergegeben) verdient, was im neapolitanischen Dialekt « Totengräber » aber auch « Unglücksbote » bedeutet.

« Vorsicht, der Leichenbeppo kommt ! », warnten die Männer, sobald sie ihn kommen sahen, und berührten sich unwillkürlich im Schritt, um Unheil abzuwenden. « Was soll denn das, grüßt du etwa den ‹ Leichenbeppo › ? », fragte Gigi eines Tages Toni, der entgegnete : « Natürlich, ich bin doch nicht blöd ! Wenn ich ihn nicht grüße, wer weiß, was für ein Unglück er mir bringt ! » Und mit einer flinken Geste zeigte er Gigi grinsend das Amulett aus Horn, das er jedes Mal in der Hand fest drückte, wenn er Peppino grüßte.

« Welche Frau würde jemals bei diesem Unglücksvogel bleiben ! Erst bringt er dich um und dann auf den Friedhof ! », sagte Rosaria, nachdem sie beschwörend dreimal auf den Boden gespuckt hatte, als sie bemerkte, dass der arme Kerl eine Schwäche für sie hatte. Obwohl er ein Leben in sehr guten Verhältnissen hätte bieten können, gab es keine einzige Frau, die ihn genommen hätte, ebenso wenig wäre ein Mann je sein Freund geworden.

Peppino wusste das, aber er schien sein Kreuz mit großer Würde und Nachsicht gegenüber den anderen zu tragen, vielleicht, weil auch er schrecklich abergläubisch war, ja eigentlich war er es am meisten von allen, was so weit ging, dass er sogar Witze über sich machte und oft sagte, dass er morgens, wenn

le gambe: «Così, per non portarmi sfortuna da solo» concludeva.

Peppino aveva una grande passione: il gioco del lotto. Era un frequentatore abituale del Bar Diego Maradona, un piccolo locale fumoso nato in onore del calciatore argentino che aveva giocato nella squadra del Napoli. La gente andava in questo bar a guardare le partite di calcio sullo schermo grande, a giocare a carte e al lotto.

Lì si sentiva a casa. Gli avventori lo conoscevano e Pierino, il proprietario, lo trattava con riguardo e infinita gratitudine perché, come raccontava lui stesso con gli occhi lucidi, quando era morto suo padre Totò, Peppino l'aveva preparato così bene per la veglia «con un po' di colore, e coi vestiti che sembrava vivo e felice».

Quel giorno al bar Pierino si intratteneva con Ciro e Gaetano cercando di calmarli perché i due aspettavano l'amico Salvatore già da un'ora per giocare a briscola. «Sarà successo qualcosa» diceva Pierino, ma Ciro insisteva «Quel fetente arriva sempre tardi ... quando arriva, lo mando a ...». A queste parole Salvatore entrò trafelato, ma con una scusa che i tre uomini accettarono senza fare una piega. Aveva perso tempo, perché, imboccata una stradina in macchina gli era passato davanti un gatto nero.

«E che hai fatto, allora?» chiese preoccupato Ciro. «Che poteva fare, si è fermato, no, Salvatò?» rispose Pierino guardando Salvatore con comprensione, «Certo che mi sono fermato! Ho aspettato che passasse un' altra macchina, ma non ne è passata nessuna e quindi ho perso un sacco di tempo ...» confermò il ritardatario.

«Non ti preoccupare compa', hai fatto bene», disse Ciro mettendogli un braccio sulla spalla e proseguendo con l'aria affranta «Neanche da paragonare con quello che è successo a me l'altro giorno!». Gli altri lo guar-

er in den Spiegel sah, sich sofort im Schritt berührte, « damit ich mir nicht selbst Unglück bringe ! ».

Peppino hegte eine große Leidenschaft für Lotto. Er besuchte regelmäßig die Bar Diego Maradona, eine kleine, verrauchte Kneipe, eröffnet zu Ehren des argentinischen Fußballers, der in der Mannschaft von Neapel gespielt hatte. Die Leute kamen dorthin, um Fußballspiele auf dem großen Bildschirm zu sehen, Karten oder Lotto zu spielen.

Dort fühlte Peppino sich zu Hause. Die Stammgäste kannten ihn und Pierino, der Besitzer, behandelte ihn mit Respekt und unendlicher Dankbarkeit. Peppino habe, so erzählte er mit feuchten Augen, als Totò, sein Vater, gestorben war, ihn für die Totenwache so schön hergerichtet, « mit ein bisschen Farbe und in einem Gewand, in dem er wie lebendig und glücklich aussah ».

Eines Tages waren Ciro und Gaetano in der Bar und unterhielten sich mit Pierino, der sie zu beruhigen versuchte, denn die beiden warteten schon seit einer Stunde auf ihren Freund Salvatore, um mit ihm *briscola* zu spielen. « Vielleicht ist ja etwas passiert ! », meinte Pierino, aber Ciro bestand darauf, « der Depp kommt doch immer zu spät. Wenn er kommt, schieß ich ihn … ! » Bei diesen Worten kam Salvatore atemlos herein, und zwar mit einer Entschuldigung, die die drei anstandslos akzeptierten. Er sei so spät, weil eine schwarze Katze vorbeigelaufen war, als er gerade mit dem Auto in eine kleine Straße bog.

« Und, was hast du gemacht ? », fragte Ciro beunruhigt. « Was konnte er schon machen ? Er hat angehalten, oder, Salvatò ? », antwortete Pierino und sah Salvatore verständnisvoll an. « Natürlich habe ich angehalten ! Ich habe gewartet, dass ein anderes Auto vorbeifahren würde, aber es ist keins gekommen und deswegen habe ich so viel Zeit verloren », bestätigte der Verspätete.

« Kein Problem, mein Freund, das hast du richtig gemacht ! », meinte Ciro, legte ihm einen Arm um die Schulter und fuhr mit trauriger Miene fort, « das ist aber überhaupt nicht zu vergleichen mit dem, was mir neulich passiert ist ! » Die anderen sahen

darono incuriositi e lui iniziò a raccontare che qualche giorno prima a Mariarita, sua moglie, era successa una disgrazia. Sì, aveva rotto uno specchio, quello che usava per truccarsi.

«Oddio del cielo, sette anni di sfortuna!!» ulularono gli uomini in coro. «Esatto!» aggiunse Ciro concitato «E la sfortuna è cominciata subito, mentre andavo a lavorare ho incrociato ‹Peppino 'o schiattamuorto›, con il suo carro».

«Pieno spero» commentò Pierino che ben sapeva che il carro funebre porta sfortuna solo quando è vuoto.

«Questo è il bello! No, era vuoto!» urlò Ciro in tono disperato. «Madonna 'o Carmine!» esclamò Salvatore esterrefatto e Ciro continuò: «Allora mi sono messo subito a cercare il cornetto che tengo nel cruscotto per toccarlo. E cerca e cerca, mi sono così distratto che sono andato a sbattere contro il carretto strapieno di don Gennaro il fruttivendolo che mò vuole pure essere risarcito».

Gli amici a sentire quel racconto d'istinto si toccarono tra le gambe. Poi cercarono di rassicurare Ciro in qualche modo dicendogli che bastava si buttasse del sale dietro le spalle e tutto sarebbe andato bene.

«Aspetta, aspetta, compà» disse Pierino andando a prenderglielo. Mentre Ciro si preparava a compiere solennemente quel rito, Salvatore decise che si sarebbe privato di uno dei suoi tanti cornetti per regalarlo all'amico:

«Questo è un cornetto speciale, è benedetto dal Papa in persona!» mentì a fin di bene.

E visto che in tutta la faccenda c'era di mezzo Peppino, ed era lui la causa prima di tutte le sventure, i tre decisero di fargli uno scherzo. Per questo però avevano bisogno di Donna Annunziata. A sessant'anni, quel donnone mastodontico e truccatissimo lavorava ancora alla ricevitoria

ihn neugierig an und er erzählte, dass seiner Frau Mariarita vor ein paar Tagen ein Malheur passiert war. Sie hatte einen Spiegel zerbrochen, und zwar den, den sie immer zum Schminken benutzte.

« Du großer Gott ! Sieben Jahre Unglück ! », riefen die Männer im Chor. « Genau ! », fügte Ciro aufgeregt hinzu, « und das Unglück ist unmittelbar eingetroffen, denn als ich zur Arbeit ging, ist mir der Leichenbeppo mit seinem Leichenkarren über den Weg gelaufen. »

« Der war hoffentlich voll ! », bemerkte Pierino besorgt, wusste er doch sehr wohl, dass nur ein leerer Leichenkarren Unglück brachte.

« Das ist es ja ! Er war leer ! », schrie Ciro verzweifelt. « Heilige Muttergottes ! », rief Salvatore erschrocken und Ciro fuhr fort : « Darauf wollte ich sofort das ‹ Hornamulett ›, das ich in meinem Handschuhfach aufbewahre, hervorholen und es berühren. Ich suchte und suchte und war dadurch dermaßen abgelenkt, dass ich gegen den vollbeladenen Obstkarren von Don Gennaro stieß, der jetzt Schadensersatz von mir verlangt. »

Bei dieser Geschichte berührten sich die Freunde instinktiv im Schritt. Dann versuchten sie Ciro irgendwie zu beruhigen und meinten, er müsse nur etwas Salz über seine Schulter werfen, dann wäre alles gut.

« Warte, warte, mein Freund », sagte Pierino und ging welches holen. Während Ciro sich feierlich auf dieses Ritual vorbereitete, beschloss Salvatore, auf eines seiner vielen Hornamulette zu verzichten, um es dem Freund zu schenken :

« Das ist ein ganz spezielles Amulett, vom Papst höchstpersönlich gesegnet ! », log er noch zu guter Letzt.

Nachdem Peppino Teil dieser ganzen Geschichte und der eigentliche Grund allen Übels war, beschlossen die drei, ihm einen Streich zu spielen. Dazu brauchten sie allerdings Donna Annunziata. Mit ihren sechzig Jahren arbeitete die mächtige, stark geschminkte Frau noch bei der Lottoannahmestelle in

del lotto in una saletta separata all'interno del bar ed era un'esperta della « Smorfia napoletana ». Donna Annunziata era una via di mezzo tra una cassiera e una maga ed era considerata un'autorità in materia divinatoria per le sue infallibili capacità interpretative. E non solo, già che c'era, Donna Annunziata dal sogno leggeva anche il futuro. Sapeva e decifrava tutto. Sapeva innanzitutto quali fossero i sogni di buon auspicio, che sognare la propria morte, per esempio, allunga la vita, che i pidocchi portano soldi, i pesci buone notizie e che i bambini piccoli sono simbolo di purezza. Ma decifrava alla perfezione anche i sogni di cattivo auspicio. I serpenti, per esempio, sono segno di dispiaceri in arrivo, i dolci di amarezza, l'oro d'inganno e tradimento, l'acqua limpida di lacrime a venire. Donna Annunziata aveva sempre il consiglio giusto per tutto e per tutti.

Quando gli amici del bar le dissero che volevano fare uno scherzo a « Peppino 'o schiattamuòrto », reagì con sorpresa e preoccupazione dicendo: « Poveretto, è già tanto sfortunato così com'è e voi gli volete fare pure uno scherzo! ». Però si lasciò subito convincere perché, in fin dei conti, lo scherzo progettato non era poi così malvagio e lei non avrebbe dovuto far altro che dare a Gennaro dei numeri sbagliati da giocare quando sarebbe andato al bar a farsi interpretare un sogno.

L'occasione si presentò prima del previsto. Quel giorno Peppino si era svegliato male, aveva fatto un sogno che lo aveva turbato. Una bella donna giovane e bionda lo accarezzava, lo baciava mentre lui se ne stava a occhi chiusi languidamente abbandonato a un piacere che tanto raramente aveva provato nella vita. Ma poi, appena li aveva riaperti, si era accorto che la bionda che lo baciava si era trasformata in una donna vecchissima dal sorriso senza denti e la cui pelle cadeva a pezzi. Aveva gridato e si era svegliato zuppo di sudore seduto sul letto. Il suo pensiero

einem Nebenraum der Bar und war « Smorfia »-Spezialistin. Donna Annunziata war ein Zwischending zwischen Kassiererin und Magierin und aufgrund ihrer unfehlbaren Deutungsfähigkeiten als Wahrsagerin eine Autorität. Und nicht nur das. Wenn sie schon mal dabei war, las sie aus dem Traum auch gleich die Zukunft. Sie wusste und entzifferte alles. Sie wusste vor allem, welche Träume etwas Gutes bedeuteten, dass zum Beispiel Träume vom eigenen Tod das Leben verlängerten, dass Läuse Geld brachten, Fische gute Neuigkeiten und dass kleine Kinder Symbol für Reinheit waren. Aber sie entschlüsselte auch bis zur Perfektion die Träume, die Unglück vorhersagten. Schlangen zum Beispiel waren ein Zeichen für zu erwartenden Kummer, Süßes bedeutete Bitterkeit, Gold Täuschung und Betrug, klares Wasser demnächst Tränen. Donna Annunziata hatte immer den richtigen Rat für alles und für alle.

Als die Freunde aus der Bar ihr erzählten, dass sie dem « Leichenbeppo » einen Streich spielen wollten, reagierte sie überrascht und besorgt : « Der Arme ist doch unglücklich genug und ihr wollt ihm auch noch einen Streich spielen ! » Doch sie ließ sich leicht überreden, weil der Streich eigentlich so böse nicht war, sie musste nichts anderes tun, als Peppino, wenn er in die Bar kam und sich einen Traum deuten lassen wollte, für sein Spiel die falschen Zahlen zu sagen.

Die Gelegenheit ergab sich früher als gedacht. Genau an jenem Tag war Peppino aufgewacht und fühlte sich unwohl, denn er hatte etwas sehr Beunruhigendes geträumt. Eine hübsche, blonde junge Frau hatte ihn gestreichelt und geküsst und er hatte sich mit geschlossenen Augen schmachtend einem wohligen Gefühl hingegeben, wie er es nur selten in seinem Leben empfunden hatte. Doch kaum hatte er die Augen wieder geöffnet, stellte er fest, dass sich die schöne Frau, die ihn geküsst hatte, in eine uralte Frau mit einem zahnlosen Lächeln verwandelt hatte, deren Haut schon in Fetzen herunterhing. Er schrie und erwachte, schweißgebadet und aufrecht im Bett

era subito riandato allora a Lelletta buonanima, morta il giorno prima a cento anni e in tutto simile per l'aspetto alla vecchia del sogno. Il senso di disgusto non lo aveva lasciato per tutta la giornata.

« Almeno questo orrore di sogno me lo voglio giocare al Lotto » si era detto verso sera, e si era diretto alla ricevitoria. Quando Peppino entrò nel bar i tre amici stavano giocando a briscola e Donna Annunziata, la maga, era alla cassa.

Senza convenevoli Peppino andò diretto da lei e le raccontò subito il terribile sogno che gli fece un'altra volta grondare la fronte di sudore. Donna Annunziata gli voleva bene, provava pena per lui. E poi, in fondo in fondo, sperava che facendo la gentile con lui, una volta passata a miglior vita, per la veglia si sarebbe preso cura del suo aspetto come aveva fatto per il povero Totò, al punto da farla sembrare viva e bellissima in modo che tutti la potessero ricordare così.

« Peppì, che brutto sogno hai fatto, mi sarei spaventata anch'io al tuo posto » gli disse comprensiva. Senza neanche guardare il librone, gli diede a caso un terno secco da giocare : tre, diciannove e settantotto.

Peppino la guardava come si guarda una fata e Donna Annunziata si sentì in dovere di rassicurarlo : « Il sogno predice anche l'entrata di una bella donna nella tua vita, abbi pazienza e vedrai, da dietro l'angolo uscirà la donna fatta apposta per te ! » gli pronosticò con un sorriso materno.

La bella donna purtroppo non arrivò mai nella vita di Peppino ma, con i numeri inventati da Donna Annunziata, l'uomo vinse un sacco di soldi. E visto che quando aveva saputo della vincita erano presenti anche Pierino, Ciro, Salvatore e l'immancabile Donna Annunziata, Peppino si convinse che erano stati loro a portargli fortuna e quindi,

sitzend. Er musste sofort an die gute alte Seele Leletta denken, die am Tag zuvor im Alter von hundert Jahren gestorben war und der Alten im Traum sehr ähnelte. Das Gefühl von Ekel verließ ihn den ganzen Tag nicht mehr.

« Mit diesem grauenhaften Traum möchte ich wenigstens Lotto spielen », dachte er gegen Abend und begab sich zur Annahmestelle. Als er die Bar betrat, saßen dort die drei Freunde und spielten *briscola*. Donna Annunziata, die Magierin, war an der Kasse.

Ohne zu grüßen, ging Peppino direkt zu ihr und erzählte seinen schrecklichen Traum und gleich stand ihm wieder der Schweiß auf der Stirn. Donna Annunziata mochte Peppino gern, sie hatte Mitleid mit ihm. Außerdem hoffte sie im Grunde ihres Herzens: Wenn sie freundlich zu ihm war, dann würde er sich vielleicht, wenn es dann mal mit ihr vorbei sein sollte, für die Totenwache Mühe mit ihrem Aussehen geben, so wie er es beim armen Totò gemacht hatte. Dann würde sie ebenso lebendig und wunderschön aussehen und man würde sie so in Erinnerung behalten.

« Beppo, was hast du nur für einen hässlichen Traum gehabt! An deiner Stelle hätte ich mich auch sehr erschreckt! », meinte sie verständnisvoll, und ohne in ihr dickes Buch zu sehen, nannte sie ihm drei ganz zufällige Zahlen, die er spielen sollte: drei, neunzehn und achtundsiebzig.

Peppino sah sie an wie eine Fee und Donna Annunziata hatte nun das Gefühl, ihn trösten zu müssen. « Der Traum bedeutet in Wirklichkeit den Eintritt einer schönen Frau in dein Leben. Hab Geduld und du wirst sehen, aus dem hintersten Winkel wird die Frau auftauchen, die für dich wie geschaffen ist! », prophezeite sie ihm mit mütterlichem Lächeln.

Leider tauchte diese schöne Frau im Leben von Peppino nie auf, aber mit den von Donna Annunziata erfundenen Zahlen gewann er sehr viel Geld. Und nachdem Pierino, Ciro, Salvatore und die unvermeidliche Donna Annunziata dabei waren, als er von seinem Gewinn erfuhr, war Peppino überzeugt, dass sie es waren, die ihm Glück gebracht hatten. Als Anerkennung und

in forma di riconoscenza e per spirito di condivisione, regalò a ognuno di loro una piccola somma.

Tutti lo abbracciarono commossi, soprattutto Ciro che con quei soldi avrebbe potuto finalmente pagare i danni a Don Gennaro il fruttivendolo. Dello scherzo non fu fatta mai menzione, ma la notizia della vincita e della generosità di Peppino in un attimo fece il giro di tutte le case del paese e, da allora, divenne un po' meno « 'o schiattamuòrto » e tutti presero a volergli un po' più bene.

Il mago dei miracoli

A Rina venne diagnosticato un brutto male e a suo figlio Franco fu detto che la madre avrebbe avuto solo tre mesi di vita. Franco e la moglie Immacolata decisero di tenerle nascosta la notizia per non impressionarla troppo, visto che era molto fragile anche emotivamente. Una sera i due videro un servizio televisivo su un guaritore. Durante la trasmissione furono intervistate delle persone che, commosse, esprimevano gratitudine all'uomo che secondo loro le aveva salvate. Quando marito e moglie si guardarono negli occhi non ci fu bisogno di parole: era chiaro che avrebbero provato. A livello medico ogni cura era considerata ormai inutile, quindi non restava che affidarsi ad altro. C'erano altri due fattori che giocavano a favore del guaritore: per prima cosa era del nord, viveva in un paesino della Pianura Padana e, come disse Franco, « si sa che quelli del nord sono affidabili » e poi, cosa ben più importante, i miracoli li faceva per intercessione della Madonna.

« Se la Madonna lo ha scelto come intermediario è sicuramente una brava persona », disse Immacolata.

weil er es gerne mit ihnen teilen wollte, schenkte er jedem von ihnen eine kleine Summe.

Gerührt umarmten sie ihn, vor allem Ciro, der mit diesem Geld endlich den Schaden bei Don Gennaro, dem Obstverkäufer begleichen konnte. Der beabsichtigte Streich wurde nie erwähnt, aber die Nachricht vom Gewinn und der Großzügigkeit von Peppino machte sofort die Runde in sämtlichen Häusern des Ortes. Seitdem war er etwas weniger «Leichenbeppo» und man mochte ihn ein bisschen mehr.

Der Wunderheiler

Bei Rina wurde eine böse Krankheit diagnostiziert und ihrem Sohn Franco wurde mitgeteilt, dass sie nur noch drei Monate zu leben hätte. Franco und dessen Frau Immacolata beschlossen, die Nachricht vor ihr geheim zu halten, um sie nicht zu sehr zu beunruhigen, da sie doch sehr gebrechlich und empfindlich war. Eines Abends sahen die beiden im Fernsehen ein Portrait über einen Heiler. In der Sendung wurden Leute interviewt, die bewegt ihre Dankbarkeit gegenüber dem Mann ausdrückten, der sie ihrer Meinung nach gerettet hatte. Das Ehepaar sah sich an und es bedurfte keiner Worte, ihnen war klar, dass sie das versuchen würden. Aus medizinischer Sicht gab es keine Aussicht auf Heilung mehr, es blieb also nur, andere Wege zu gehen. Zwei weitere Dinge sprachen für den Heiler: Erstens war er im Norden, er lebte in einem kleinen Ort in der Poebene und, wie Franco meinte, «weiß man, dass die im Norden vertrauenswürdig sind», und außerdem, das Wichtigste überhaupt, geschehen Wunder ja durch Fürsprache der Muttergottes.

«Wenn die Muttergottes ihn als Vermittler erwählt hat, ist er sicher ein tüchtiger Mensch», sagte Immacolata. Und

Decisero così di mandare da lui la loro figlia, la bella Antonia dai boccoli neri e dal sorriso disarmante che, essendo anche l'unica ad aver studiato all'università, sarebbe stata sicuramente la miglior interlocutrice per un uomo così famoso come il guaritore.

Quell'inverno Antonia assolse l'importante missione. Salì sul bus notturno che portava da Cosenza a Modena e poi, nelle prime ore del mattino prese un treno locale.

« Come sono sporchi i finestrini » pensò Antonia e cercò inutilmente di pulirli con un fazzoletto per guardare il paesaggio. In realtà ciò che impediva la vista era fuori ed era nebbia. Quella che le sembrava una fitta nuvola grigia rasoterra le diede subito una sensazione di oppressione, quasi di claustrofobia.

Il viaggio fu molto pesante, i pensieri oscillavano tra la paura per la morte della nonna, il senso d'impotenza e quella nuova flebile speranza. A malapena riuscì a leggere il nome del paesino che era la sua meta: era arrivata. Scese dal treno e sparì anche lei, subito fagocitata da quella nebbia fredda e umida che penetrava fin nelle ossa.

Il paese era costituito da poche case di campagna e corti contadine, passando si sentiva il raspare degli animali nelle stalle. Antonia non trovava la via della casa del guaritore, cercava qualcuno a cui chiedere, ma non c'era anima viva, cominciava a preoccuparsi. A un certo punto vide una donna anziana, le andò incontro.

« Scusi signora ... »

« Se ghè? » rispose la contadina in dialetto. Antonia non capì ma continuò:

« Conosce un guaritore? Dovrebbe abitare qui ... »

« An tgnos propri ninsun », rispose la donna rinfilandosi dentro casa.

so beschlossen sie, ihre Tochter, die hübsche Antonia mit den schwarzen Locken und dem entwaffnenden Lächeln, zu ihm zu schicken, zumal sie auch die Einzige war, die an der Universität studiert hatte. Sie würde sicherlich die beste Gesprächspartnerin für so einen berühmten Mann wie den Heiler sein.

Im Winter übernahm dann Antonia die wichtige Mission. Sie bestieg den Nachtbus, der sie von Cosenza nach Modena brachte, und nahm anschließend in den frühen Morgenstunden den Regionalzug.

»Wie schmutzig die Fenster sind! », dachte Antonia, vergeblich versuchte sie die Scheiben mit einem Taschentuch zu säubern, um die Landschaft besser sehen zu können. In Wirklichkeit war das, was ihr die Sicht nahm, draußen und es war Nebel. Was ihr wie eine dicke graue, dicht über dem Boden hängende Wolke erschien, ließ sie sofort ein Gefühl von Beklemmung verspüren, ja beinahe Klaustrophobie.

Die Reise war sehr beschwerlich, ihre Gedanken schwankten zwischen der Angst um die Großmutter, dem Gefühl von Ohnmacht und dieser neuen schwachen Hoffnung. Mit Mühe gelang es ihr, den Namen des Örtchens zu lesen, der ihr Ziel war. Sie war angekommen. Sie stieg aus dem Zug und schon verschwand auch sie, verschluckt von dem kalten, feuchten Nebel, der ihr bis in die Knochen drang.

Der Ort bestand aus wenigen ländlichen Häusern und Bauernhöfen. Im Vorübergehen hörte man das Scharren der Tiere in den Ställen. Antonia konnte die Straße, in der das Haus des Heilers stehen sollte, nicht finden. Sie wollte jemanden fragen, aber da war keine Menschenseele, sie wurde langsam unruhig. Nach einer Weile sah sie eine alte Frau und ging auf sie zu.

« Entschuldigen Sie, Signora ... »

« Was gibt's? », fragte die Bäuerin im Dialekt. Antonia hatte nichts verstanden, fuhr aber fort:

« Kennen Sie einen Heiler? Der muss hier wohnen. »

« Ich kenne keinen », antwortete die Frau und ging ins Haus.

« Al maghet? » intervenne una voce maschile che pareva venire dal nulla.

Antonia si accorse solo in quel momento che c'era qualcun altro. « Sì, sì, il mago » rispose compiaciuta di aver indovinato quello che aveva detto l'uomo. Doveva andare dritta per la strada e alla fine girare a destra. Lì avrebbe trovato la casa del mago. S'incamminò riuscendo solo a intuire la fine della strada dove avrebbe dovuto girare a destra, perché dentro quella coltre di nebbia non riusciva a vedere nulla. A un tratto emerse davanti ai suoi occhi, quasi come un debole miraggio, un palazzo d'epoca solitario. Bussò timidamente al maestoso portone. Le aprì una donna che la condusse in una sala enorme e affrescata, Antonia non aveva mai visto un lusso simile. Lì c'era della gente seduta come in una sala d'aspetto. Due giovani donne parlavano a bassa voce.

Dopo un tempo interminabile, quando ormai era rimasta solo lei, arrivò il guaritore che la invitò a seguirlo. Antonia si meravigliò molto, si era immaginata tutt'altro, un uomo tozzo di una certa età con le fattezze simili a quelle del contadino che aveva incontrato … E invece questo era un angelo. Un uomo sulla cinquantina, sensuale, con boccoli brizzolati, alto, con un fisico atletico e due occhi neri dallo sguardo magnetico. Fece accomodare Antonia davanti a un enorme tavolo. Lei si sedette, raccontò di sua nonna e gli mostrò la foto che aveva portato con sé.

« Sua nonna ha un brutto male, ma noi possiamo salvarla, cara Antonia » le disse alla fine sorridendole e prendendole la mano. Antonia si sentì arrossire. La condusse in un'altra sala enorme dove in fondo c'era una sedia dentro a una sorta di cabina con tante luci psichedeliche. A dire del guaritore proprio delle sedute di dieci minuti l'una tra quelle luci colorate avrebbero salvato Rina. Ce ne sarebbero volute almeno due a settimana.

«Den Magier?», ertönte eine männliche Stimme wie aus dem Nichts.

Erst jetzt bemerkte Antonia, dass da noch jemand anderer war. «Ja, ja, den Magier», antwortete sie zufrieden, offenbar hatte sie erraten, was der Mann gesagt hatte. Sie sollte die Straße geradeaus gehen und am Ende nach rechts. Dort würde sie das Haus des Magiers finden. Sie ging los, konnte das Ende der Straße, wo es nach rechts ging, nur erahnen, weil sie in dem dichten Nebel absolut nichts sehen konnte. Auf einmal tauchte vor ihren Augen, beinahe wie eine kleine Fata Morgana, eine einsam gelegene alte Villa auf. Zaghaft klopfte sie an das große Tor. Eine Frau öffnete und führte sie in einen riesigen, mit Fresken bemalten Raum. Noch nie hatte Antonia solchen Luxus gesehen. Wie in einem Wartesaal saßen dort Leute. Zwei junge Frauen unterhielten sich leise.

Nach unendlich langer Zeit, als nur noch sie übrig geblieben war, erschien der Heiler und forderte sie auf, ihm zu folgen. Antonia war sehr erstaunt, sie hatte ihn sich ganz anders vorgestellt, eher als einen untersetzten, nicht mehr jungen Mann, wie der Bauer, den sie vorher getroffen hatte. Stattdessen stand hier ein Engel. Ein großer Mann um die fünfzig, sinnlich, mit grau melierten Locken, einem athletischen Körper und schwarzen Augen mit hypnotischem Blick. Er forderte Antonia auf, vor einem riesigen Tisch Platz zu nehmen. Sie setzte sich, erzählte von ihrer Großmutter und zeigte ihm das Foto, das sie mitgebracht hatte.

«Ihre Großmutter hat eine schlimme Krankheit, doch wir können sie retten, meine liebe Antonia», sagte er schließlich und nahm lächelnd ihre Hand. Antonia merkte, wie sie errötete. Er führte sie in einen anderen großen Raum, an dessen Ende ein Stuhl in einer Art Kabine mit lauter psychedelischen Lichtern stand. Dem Heiler zufolge würden Sitzungen von jeweils zehn Minuten unter diesem bunten Licht Rina retten können. Dazu wären mindestens zwei Sitzungen pro Woche nötig.

« Ma mia nonna non può venire di persona perché non sa niente della malattia. Non può farla guarire da lontano? Abbiamo sentito delle testimonianze che ... ».

« Certo » confermò il mago senza scomporsi, « In questo caso si sottoporrà lei alle sedute e poi, tornata a casa, dovrà tenere le mani di sua nonna e fare tutto quello che le dirò per trasmetterle i benefici che ha accumulato qui. Se vuole iniziamo subito ».

Antonia accettò.

« Bene, mia cara, si tolga la giacca e il reggiseno altrimenti le luci non penetrano nel corpo, tenga pure la camicetta ». Antonia, come ipnotizzata, ubbidì. Il guaritore la accompagnò nella cabina e, nel farla sedere, le appoggiò le mani sulle spalle facendole provare un calore piacevole che la rilassò. Poi spense le luci e le sussurrò con voce suadente:

« Ecco mia cara, adesso pronuncerò delle invocazioni sfiorandola con questo rametto benedetto, lei dovrà tenere gli occhi chiusi e restare assolutamente immobile ».

Antonia chiuse gli occhi, era seduta comodamente, la camicetta rossa di seta poggiava morbida sul suo seno. Il mago accese le luci psichedeliche, Antonia le intravide da sotto le palpebre e cominciò subito a sentire l'effetto di quelle frecce luminose sul suo corpo. Prima il calore del giallo, poi la freschezza del verde e quindi il freddo del blu ... si sentiva molto bene, immaginava che le luci fossero cariche di quell'energia benefica che lei, appena tornata a casa, avrebbe riversato sulla nonna.

« Non pensi a niente, abbandoni le preoccupazioni, si faccia penetrare dal calore del bene assoluto » le disse sottovoce l'uomo. La voce si faceva sempre più calda e avvolgente e Antonia, insieme all'energia della luce di colore

«Aber meine Großmutter kann nicht persönlich kommen, weil sie nichts von ihrer Krankheit weiß. Können Sie sie nicht aus der Ferne heilen? Wir haben von Zeugen gehört, dass …»

«Gewiss», meinte der Magier, ohne mit der Wimper zu zucken, «in diesem Fall müssen Sie sich den Sitzungen unterziehen und dann, wenn Sie wieder zu Hause sind, die Hände Ihrer Großmutter nehmen und alles machen, was ich Ihnen sage, um die hier angesammelten Wohltaten auf sie zu übertragen. Wenn Sie möchten, können wir gleich anfangen.»

Antonia willigte ein.

«Gut, meine Liebe, ziehen Sie Ihre Jacke und den Büstenhalter aus, sonst können die Lichter nicht in den Körper eindringen, lassen Sie die Bluse ruhig an!» Wie hypnotisiert gehorchte Antonia. Der Heiler begleitete sie in die Kabine, und als er sie sich setzen ließ, legte er ihr die Hände auf die Schulter, worauf sie eine angenehme Wärme verspürte, die sie entspannte. Dann löschte er die Lichter und flüsterte mit einschmeichelnder Stimme:

«Nun, meine Liebe, werde ich einige Gebete sprechen und Sie mit diesem gesegneten Zweig berühren. Sie müssen die Augen geschlossen halten und dürfen sich keinesfalls bewegen.»

Antonia schloss die Augen. Sie saß bequem, ihre rote Seidenbluse lag weich auf der Brust. Der Magier machte die psychedelischen Lichter an, Antonia konnte es durch die Lider sehen und spürte sofort die Wirkung der leuchtenden Pfeile auf ihrem Körper. Zuerst die Wärme von Gelb, dann die Frische von Grün und schließlich die Kälte von Blau … sie fühlte sich sehr wohl und stellte sich vor, dass die Lichter angefüllt von jener wohltuenden Energie seien, die sie, sobald sie wieder zu Hause war, bei ihrer Großmutter wieder würde einfließen lassen.

«Denken Sie an nichts, lassen Sie die Sorgen los, lassen Sie sich von der Wärme des absoluten Guten durchdringen», sagte der Mann leise. Seine Stimme wurde immer wärmer und lullte Antonia ein, mit der Energie des roten

rosso, percepì la vicinanza dell'uomo. Ora le sussurrava qualcosa all'orecchio dandole una sensazione di piacere. Poi iniziò ad avvertire dei leggeri sfioramenti sulla schiena, sulle gambe, il mago recitava parole incomprensibili e il calore del suo respiro le era sempre più vicino, alle orecchie, al collo, alla bocca … Si rese conto di essere eccitata e se ne vergognò terribilmente. Era immobile, come in trance, in uno stato di assoluto piacere sensoriale. All'improvviso percepì che qualcosa scendeva dentro la scollatura della camicetta e arrivava a sfiorarle il seno. Quando si accorse che non era il rametto benedetto ma la mano del guaritore non ebbe la forza di opporsi a quel torpore magico, la camicetta si sfilò quasi da sola, il suo corpo si contorse dal piacere nel sentire la presa forte, e nello stesso tempo delicata, dell'uomo … e il bel guaritore portò la giovane con sé in paradiso.

Antonia dal mago non ci tornò più e, naturalmente, dell'accaduto non raccontò nulla a nessuno. Ai genitori riferì che l'uomo aveva detto delle preghiere salvifiche per la nonna …

Tutti seppero quindi che un guaritore aveva fatto un gran bene a Rina, che visse fino a novantotto anni, ma … nessuno si sarebbe mai immaginato quanto bene quello stesso guaritore avesse fatto alla nipote.

Il munaciello

« Che bella giornata, questa volta cari munacielli mi avete fatto proprio un bel regalo … » pensava Silverio quel pomeriggio mentre, adagiato nel suo gozzo cullato dalle onde cristalline, guardava il porto borbonico dell'isola di Ponza, uno dei porti più belli del Mediterraneo.

Lichts spürte sie auch die Nähe des Mannes. Nun flüsterte er ihr etwas ins Ohr, ein wohliges Gefühl stieg in ihr auf. Dann bemerkte sie ein leichtes Streichen auf Rücken und Beinen, der Magier raunte ihr unverständliche Worte zu, die Wärme seines Atems kam immer näher an Ohren, Hals und Mund. Sie spürte, dass sie erregt war, und schämte sich schrecklich. Ohne jede Bewegung, wie in Trance, war sie im Zustand tiefster Lust. Da fühlte sie plötzlich, wie etwas in den Ausschnitt ihrer Bluse eintauchte und ihre Brust zu streicheln begann. Als sie merkte, dass es sich nicht um den gesegneten Zweig handelte, sondern um die Hand des Heilers, hatte sie nicht die Kraft, gegen diese verzauberte Trägheit anzugehen, die Bluse glitt sozusagen von alleine ab und ihr Körper zog sich bei dem festen und gleichzeitig zarten Griff des Mannes vor Lust zusammen … und der schöne Heiler nahm das junge Mädchen mit sich ins Paradies.

Antonia ging nie mehr zu dem Heiler und natürlich erzählte sie niemandem, was sie erlebt hatte. Den Eltern berichtete sie, dass der Mann rettende Gebete für die Großmutter gesprochen habe …

So wusste jeder, dass ein Heiler Rina, die bis zu ihrem achtundneunzigsten Jahr lebte, Gutes getan hatte, aber keiner hätte sich je vorstellen können, wie viel Gutes dieser Heiler der Enkelin getan hatte.

Munaciello

« Was für ein herrlicher Tag ! Diesmal, ihr lieben *Munacielli*, habt ihr mir wirklich ein schönes Geschenk gemacht ! », dachte Silverio an diesem Nachmittag, als er entspannt in seinem Boot auf kristallklaren Wellen schaukelnd auf den bourbonischen Hafen der Insel Ponza, einen der schönsten Häfen des Mittelmeers, blickte.

Silverio faceva il pescatore d'estate e il muratore d'inverno. Era orgoglioso e felice di essere ponzese, così soddisfatto e innamorato di quello che aveva da non avere mai sentito la curiosità di visitare altri luoghi e il desiderio di scoprire il mondo.

Da ottobre a maggio, quando la popolazione dell'isola si riduceva da 30 000 a 3000 abitanti e la grande massa di turisti se ne andava promettendo di tornare l'anno seguente, Ponza apriva il suo cuore ai pochi intimi che ci vivevano. Questo cuore il giovane lo custodiva dentro di sé, come una sorta di pegno d'amore. E come l'amante conosce alla perfezione sia le forme del corpo dell'amata sia la sua anima, così Silverio conosceva a menadito le coste dell'isola, le sue grotte e il respiro delle leggende che le animavano. Il mondo di Silverio era una tavolozza su cui ai colori della vita reale si mescolavano quelli della fantasia.

Il suo nome stesso era testimonianza di un miracolo. I genitori l'avevano chiamato Silverio come il Santo patrono dell'isola che, in una notte di tempesta, aveva salvato da morte sicura il padre del giovane, anche lui pescatore. Silverio si immaginava la scena: una barca fragile in balia del mare, che spariva e ricompariva inghiottita dalle onde, troppo piccola per vincere la lotta contro la natura. Tutto sembrava perduto quando, ecco apparire all'improvviso San Silverio avvolto in una grande luce che indicava al pescatore la direzione da seguire per tornare a casa e le acque che, man mano che la barchetta si muoveva seguendola, si placavano.

Silverio amava immaginarsi queste storie e quando era in barca a pescare la sua fantasia si rifugiava in quei tempi lontani in cui Ponza era abitata da re pingui e dorati, angeliche principesse e giganti capricciosi e insolenti che facevano arrabbiare le divinità marine scagliando pezzi di

Silverio war im Sommer Fischer und im Winter Maurer. Er war stolz und glücklich, von der Insel Ponza zu stammen, und so zufrieden und verliebt in das, was er hatte, dass er nie neugierig auf andere Orte war und nie den Wunsch verspürte, die Welt zu entdecken.

Von Oktober bis Mai, wenn die Bevölkerung der Insel sich von 30 000 auf 3000 Bewohner reduzierte und die große Masse der Touristen mit dem Versprechen, das nächste Jahr wiederzukommen, abreiste, öffnete Ponza sein Herz den wenigen Vertrauten, die dort lebten. Und dieses Herz bewahrte der junge Mann in seinem Innersten wie eine Art Liebespfand. So wie der Liebende den Körper und die Seele der Geliebten genau kennt, so kannte Silverio wie im Schlaf die Küsten der Insel, ihre Grotten und den Geist der Legenden, die sie beseelen. Silverios Welt glich der Palette eines Malers, auf der sich die Farben des wirklichen Lebens und die der Fantasie mischten.

Schon sein Name war Zeugnis eines Wunders. Die Eltern hatten ihn nach dem Patron der Insel, dem heiligen Silverio, benannt, der in einer stürmischen Nacht den Vater des Jungen, auch er Fischer, vor dem sicheren Tod gerettet hatte. Silverio stellte sich die Szene vor: Ein der Willkür des Meeres ausgeliefertes zerbrechliches Boot, das von den Wellen verschluckt verschwand und wieder auftauchte, zu klein, um im Kampf gegen die Natur zu bestehen. Alles schien verloren, da tauchte plötzlich der heilige Silverio auf, umgeben von einem hellen Lichtschein, und wies dem Fischer die Richtung, der er folgen musste, um nach Hause zu kommen. Und das Meer, auf dem das kleine Boot nun den richtigen Kurs nahm, beruhigte sich.

Silverio liebte es, sich diese Geschichten vorzustellen, und wenn er mit seinem Boot beim Fischen war, versetzte er sich in der Fantasie zurück in jene Zeiten, in denen Ponza von dicken vergoldeten Königen, engelhaften Prinzessinnen und launenhaften und unverschämten Riesen bewohnt war, die die Mee-

roccia nel mare e dando vita ai faraglioni che oggi impreziosiscono la costa.

Non era facile per Silverio districarsi tra realtà e immaginazione, perché in lui, spesso, le superstizioni che da quelle storie erano nate, diventavano fonte di ansia e paura.

Come quando una sera, passando per una cala, sentì il rumore sordo del sinistro «Gozzo fantasma» che si appoggiava ritmicamente agli scogli. Secondo la leggenda da quel gozzo si era buttata nelle acque ingorde del mare una fanciulla dal cuore spezzato, che ricompare di tanto in tanto come monito per gli esseri umani. Quando Silverio sentì quel rumore ritmico si spaventò così tanto che, dall'agitazione, non si accorse che si trattava solo di un bidone spinto dalle onde contro la roccia.

O come quando vide l'enorme «Serpente marino» di guardia alla grande cisterna idrica romana; anche in quel caso, se non fosse scappato come un fulmine avrebbe riconosciuto il grosso ramo d'albero che la tempesta del giorno prima aveva sradicato e scaraventato in mare. L'esistenza di Silverio era ravvivata continuamente da grandi corse col cuore in gola e da racconti che lo vedevano eroe di avventure eccezionali.

Ma di qualcosa in particolare Silverio aveva davvero il terrore: dei munacielli. Questi spiritelli dispettosi, beffardi e inafferrabili, ma che a volte portano anche fortuna, appartengono alla tradizione napoletana, e arrivarono a Ponza nel '700 insieme ai primi coloni provenienti dalla Campania. La loro storia è legata all'amore impossibile tra la figlia di un mercante e un garzone. Durante uno degli incontri clandestini tra i due amanti, il garzone fu aggredito e ucciso davanti agli occhi della fidanzata la quale, dal dolore, decise di rifu-

resgötter ärgerten, indem sie Felsbrocken ins Meer schleuderten und damit die Klippen schufen, die heute die Küste bereichern.

Für Silverio war es nicht immer leicht, zwischen Wirklichkeit und Vorstellung zu unterscheiden, da für ihn der Aberglaube, der auf diese Geschichten zurückgeht, oft Quelle von Angst und Schrecken war.

So war es auch, als er eines Abends an einer kleinen Bucht entlangging und das dumpfe Geräusch des finsteren «Geisterkahns» hörte, der rhythmisch an die Klippen schlug. Der Legende nach hatte sich ein Mädchen mit gebrochenem Herzen von diesem Kahn in den gierigen Schlund des Meeres gestürzt, tauchte jedoch immer wieder auf als Mahnung für die Menschen. Als Silverio das rhythmische Geräusch vernahm, erschrak er derart, dass er vor lauter Aufregung nicht erkannte, dass es sich nur um einen Kanister handelte, der gegen den Felsen schlug.

Oder ein anderes Mal, als er die riesige «Seeschlange» sah, die sich als Wache an der großen römischen Zisterne befindet. Auch da hätte er, wenn er nicht wie ein Blitz weggelaufen wäre, den großen Ast des Baumes wiedererkannt, den der Sturm am Tag zuvor abgerissen und ins Meer geschleudert hatte. Silverios Dasein wurde durch sein ständiges Weglaufen mit bis zum Hals klopfendem Herzen und die Geschichten, bei denen er der Held außergewöhnlicher Abenteuer war, nie langweilig.

Besonders große Angst hatte Silverio allerdings vor den *Munacielli*. Diese boshaften, spöttischen kleinen Geister, die nicht zu greifen sind, manchmal auch Glück bringen, gehören zur neapolitanischen Tradition und kamen zusammen mit den ersten aus Kampanien stammenden Siedlern im Jahre 700 nach Ponza. Ihre Geschichte ist mit der unmöglichen Liebe zwischen der Tochter eines Händlers und einem jungen Mann verknüpft. Bei einem der heimlichen Treffen zwischen den beiden Liebenden wurde der junge Mann überfallen und vor den Augen der Freundin getötet, die daraufhin vor lauter Schmerz ins Kloster

giarsi in convento. Fu lì che partorì un figlio deforme che le monache decisero di nascondere e coprire con un saio. Prese forma così la leggenda dei munacielli, piccoli esseri deformi vestiti da monaco che fanno i dispetti agli uomini, ma che Silverio si era dipinto come veri e propri mostri con zanne e artigli e con un immancabile ghigno mefistofelico.

Esattamente a tutto quello che suggestionava Silverio, era indifferente Donato, un pastore tutto muscoli e boria, anche lui di Ponza. Questi, con l'aiuto di due sfortunati somarelli che sfruttava giorno e notte, coltivava senza sosta la sua terra per trasformarla nel vigneto più fruttifero di Ponza e diventare l'uomo più ricco dell'isola.

« Arriverò a comprarmi uno yacht, come quello dei VIP e tutti diventeranno verdi dall'invidia » si diceva spesso per farsi forza quando la stanchezza diventava insopportabile. Donato, era un uomo con i piedi per terra, si intendeva di uva, di capperi e di somari e per lui i munacielli e i racconti su San Silverio erano solo « fandonie per gli stupidi e le donne ».

Non essendo Silverio una donna cadeva per sua sfortuna nella categoria degli stupidi e Donato, ogniqualvolta ne aveva l'occasione, si divertiva a sottolinearlo davanti agli amici comuni.

Una notte d'autunno inoltrato, una di quelle notti in cui nel silenzio Silverio era sicuro di sentire il respiro tranquillo dei giganti insolenti, delle principesse angeliche e dei pingui re che dormivano placidi, il pescatore rientrò con il suo gozzo poco prima dell'alba. Attraccò al molo e si diresse verso casa immerso nei suoi sogni ad occhi aperti e nella totale solitudine. Andò verso il tunnel che univa il porto al suo quartiere, Giancos, ma quando lo raggiunse e si rese conto di quanto fosse buio la sua immaginazione riemerse prepotente. Sapeva che

ging. Dort gebar sie einen missgestalteten Sohn; die Mönche beschlossen, ihn zu verstecken und mit einer Kutte zu bedecken. So entstand die Legende der *Munacielli*, kleine deformierte, als Mönch gekleidete Wesen, die den Menschen Streiche spielten, die Silverio sich aber als wahre und wirkliche Monster mit Reißzähnen und Klauen und einer zwangsläufig teuflischen Fratze ausmalte.

All das, was Silverio so beschäftigte, war Donato, ein Schäfer und aufgeblasener Muskelprotz, egal. Auch er stammte aus Ponza. Er bearbeitete mithilfe zweier unglückseliger Esel, die er Tag und Nacht ausnutzte, unaufhaltsam seinen Boden, um daraus das ertragreichste Weinbaugelände von Ponza zu machen und der reichste Mann der Insel zu werden.

« Ich werde mir eine Yacht kaufen können, wie die VIPs, sie werden alle grün werden vor Neid ! », sagte er sich oft, um seine Kräfte zu mobilisieren, wenn die Müdigkeit unerträglich wurde. Donato stand mit beiden Beinen auf dem Boden, verstand sehr viel von Trauben, Kapern und Eseln. Für ihn waren die *Munacielli* und die Erzählungen über den heiligen Silverio nur « Ammenmärchen für Dumme und Frauen ».

Da Silverio keine Frau war, fiel er zu seinem Pech in die Kategorie der Dummen und Donato machte es Spaß, dies bei jeder Gelegenheit vor den gemeinsamen Freunden zu betonen.

In einer späten Herbstnacht, es war eine dieser Nächte, in der Silverio sicher war, in der Stille den ruhigen Atem der friedlich schlafenden dreisten Riesen, engelsgleichen Prinzessinnen und dicken Könige hören zu können, kehrte der Fischer mit seinem kleinen Boot kurz vor Morgengrauen zurück. Er machte an der Mole fest und begab sich, offenen Auges in seine Träume versunken, in totaler Einsamkeit auf den Weg nach Hause. Er ging auf den Tunnel zu, der den Hafen mit seinem Viertel, Giancos, verband, doch als er ihn erreicht hatte und feststellte, wie dunkel er war, überkam ihn wieder

quella zona era nota per le scorribande dei munacielli e, a quell'ora, sicuramente quei dispettosi si sarebbero presi gioco di lui spaventandolo a morte. Silverio tentennò per qualche momento, ma essendo troppo stanco per tornare indietro e imboccare un'altra strada, entrò a passo incerto nel tunnel, ma prima però si fece il segno della croce e si raccomandò a San Silverio. Poi il buio lo inghiottì: procedeva a tentoni, attento a non inciampare in qualche ostacolo.

All'altro capo del tunnel, proprio in quel momento, entrava casualmente Donato. Tornava così tardi dalla stalla perché Angelina, la sua somara, aveva figliato. E il contadino, contento e orgoglioso di sé, era tutto preso a immaginare il suo futuro sempre più roseo, pensando che ora un asino in più rendeva il suo yacht sempre più vicino. Il buio inghiottì anche lui che cercò, come il pescatore, di avanzare a tentoni. Da una parte quindi c'era Silverio, e dall'altra Donato, l'uno timoroso e guardingo, l'altro immerso nei suoi pensieri. I loro passi erano lenti, silenziosi e sempre guidati dalle mani che si muovevano nelle tenebre per assicurarsi che ci fosse via libera.

A un tratto la mano destra di Silverio si scontrò con la mano sinistra di Donato, le dita si incastrarono le une con le altre, i cuori di entrambi sobbalzarono. Silverio vide davanti a se un enorme munaciello, con gli occhi rossi, i denti affilati che, con una mano bitorzoluta dagli artigli lunghissimi, lo voleva rapire e portare con sé per sottoporlo a chissà quali torture: sì, era proprio come se lo era sempre immaginato, anzi, ancora più spaventoso.

Donato non vide nulla. Entrambi gli uomini, spaventatissimi, urlarono, allargarono le dita con un gesto automatico e in preda al panico si precipitarono fuori dal tunnel ognuno da dove era entrato. A Silverio, quando si riebbe,

seine blühende Fantasie. Er wusste ja, dass diese Gegend für das Treiben der *Munacielli* bekannt war. Um diese Stunde würde dieses freche Pack sicher sein Unwesen mit ihm treiben und ihn zu Tode erschrecken. Silverio zögerte eine Weile, da er jedoch zu müde war, umzukehren und eine andere Straße zu nehmen, betrat er mit unsicheren Schritten den Tunnel, nicht ohne sich aber vorher noch zu bekreuzigen und den heiligen Silverio anzurufen. Dann verschluckte ihn die Finsternis. Er tastete sich voran, um nicht gegen ein Hindernis zu stoßen.

Am anderen Ende betrat zufällig genau in diesem Augenblick Donato den Tunnel. Er kam so spät vom Stall zurück, weil Angelina, seine Eselin, ein Fohlen geboren hatte. Zufrieden und stolz stellte der Bauer sich gerade seine immer rosigere Zukunft vor, wobei er dachte, dass jetzt, mit einem weiteren Esel, seine Yacht immer näher rückte. Die Dunkelheit hatte auch ihn verschluckt und wie der Fischer tastete er sich voran. Auf der einen Seite befand sich also Silverio und auf der anderen Donato, der eine furchtsam und vorsichtig, der andere in seine Gedanken versunken. Sie gingen langsamen und geräuschlosen Schrittes, immer geleitet von den ausgestreckten Händen, um in der Finsternis sicher zu sein, dass die Bahn frei war.

Plötzlich traf Silverios rechte Hand auf Donatos linke, die Finger verschränkten sich ineinander, die Herzen der beiden taten einen Satz. Silverio sah einen riesigen *Munaciello* mit roten Augen und leuchtenden Zähnen vor sich, der ihn mit einer warzigen Hand mit schrecklich langen Klauen überwältigen und mitnehmen wollte, um ihn weiß Gott was für Qualen auszusetzen. Ja, er war genau so, wie er ihn sich immer vorgestellt hatte, sogar noch viel schrecklicher.

Donato sah nichts. Zu Tode erschrocken stießen sie beide einen Schrei aus, spreizten unwillkürlich die Finger und stürzten voller Panik aus dem Tunnel, jeder in die Richtung, aus der er gekommen war. Als Silverio zu sich kam, wollte er gar nicht glauben, dass es ihm gelungen war, dem Monster

non parve vero di essere riuscito a sfuggire al mostro e non vide l'ora di raccontarlo a tutti.

Donato invece, non appena fu abbastanza lontano, si appoggiò a un muricciolo illuminato per riprendere fiato e, ancora basito, cercò di darsi una spiegazione: e se avesse incrociato davvero un munaciello? Proprio uno di quelli a cui credevano solo gli sciocchi e non certo lui? E se avesse sempre sbagliato a pensare che non esistevano? Donato, pur non credendoci, sapeva che proprio quel tunnel era secondo alcuni un luogo dove i munacielli si divertivano a impressionare la gente. E se quella notte si fossero voluti divertire proprio con lui?

Il giorno dopo al bar dell'isola, quando Silverio arrivò pronto a raccontare di aver incontrato un munaciello mostruoso ed enorme che con la sua mano bitorzoluta lo voleva catturare la notte prima nel tunnel per Giancos, Donato era già lì. Era pallido e parlava in modo concitato con un amico, non si capiva bene cosa dicesse perché, nonostante la foga, cercava di parlare a bassa voce e solo qualche parola sfuggiva al suo controllo facendosi sentire forte e chiara. «Questa notte», «munaciello», «che paura» diceva, e Silverio, incuriosito, gli si avvicinò in silenzio per ascoltare. Non ci mise molto a capire che la mano bitorzoluta che aveva incrociato la notte prima e che lo aveva spaventato a morte non era quella di un munaciello, bensì quella di Donato. Però si rese anche conto con grande godimento che quell'intelligentone di Donato, alla faccia del suo cinico realismo, si era convinto di essere incappato in un munaciello.

E con grande soddisfazione se ne andò al porto a godersi la giornata sul suo amato gozzo, pensando che quella volta i munacielli il dispetto lo avevano fatto a Donato.

zu entfliehen, er konnte kaum erwarten, es allen zu erzählen.

Donato hingegen lehnte sich, kaum war er weit genug weg, an eine kleine beleuchtete Mauer, um Atem zu holen. Noch ziemlich fassungslos, versuchte er, sich die Sache zu erklären. Und wenn er nun doch einem *Munaciello* begegnet war? Genau so einem, an den nur die Bekloppten glaubten, er aber nicht? Und wenn es immer falsch war, zu meinen, dass sie nicht existierten? Obwohl Donato nicht daran glaubte, wusste er, dass genau dieser Tunnel angeblich ein Ort war, wo die *Munacielli* ihre Späße trieben, um die Leute zu erschrecken. Und wenn sie nun heute Nacht ihm tatsächlich einen Streich spielen wollten?

Am nächsten Tag, als Silverio pünktlich in die Bar der Insel kam, um dort zu erzählen, dass er auf ein Monster von einem *Munaciello* getroffen war, das ihn in der vorigen Nacht im Tunnel nach Giancos mit seiner warzigen Hand fangen wollte, war Donato schon da. Er war blass und sprach aufgeregt mit einem Freund. Es war schlecht zu verstehen, was er sagte, da er trotz seiner Erregung versuchte, leise zu sprechen, und nur ein paar Worte seiner Kontrolle entschlüpften und deutlich und klar zu hören waren: «Diese Nacht», «*Munaciello*», «was für eine Angst», sagte er und Silverio, neugierig geworden, näherte sich ihm ganz leise, um zu lauschen. Es brauchte nicht lange und er begriff, dass die warzige Hand, auf die er in der Nacht zuvor gestoßen war und die ihn zu Tode erschreckt hatte, nicht die Hand eines *Munaciello* war, sondern die von Donato. Doch stellte er mit großem Genuss auch fest, dass dieser wahnsinnig schlaue Donato trotz seines zynischen Realismus überzeugt war, auf einen *Munaciello* gestoßen zu sein.

Hochzufrieden ging Silverio zum Hafen und genoss den Tag auf seinem geliebten Boot und dachte, dass dieses Mal die *Munacielli* Donato den bösen Streich gespielt hatten.